Doris Bank

Table Art

in Steinzeug und Porzellan

in Stoneware and Porcelain

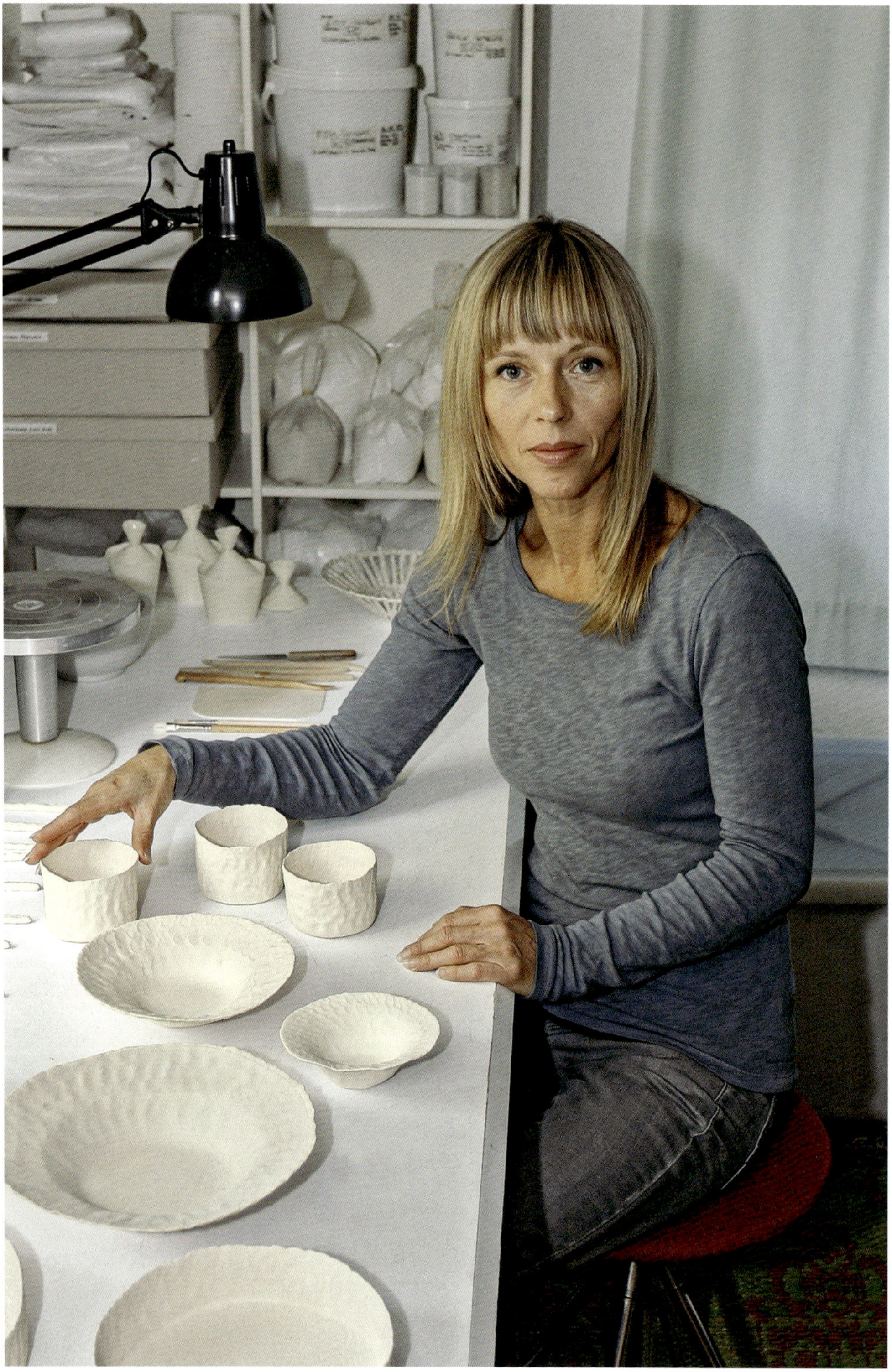

Ute Kathrin Beck (Hg. / ed.)

Doris Bank

Table Art

in Steinzeug und Porzellan

in Stoneware and Porcelain

arnoldsche

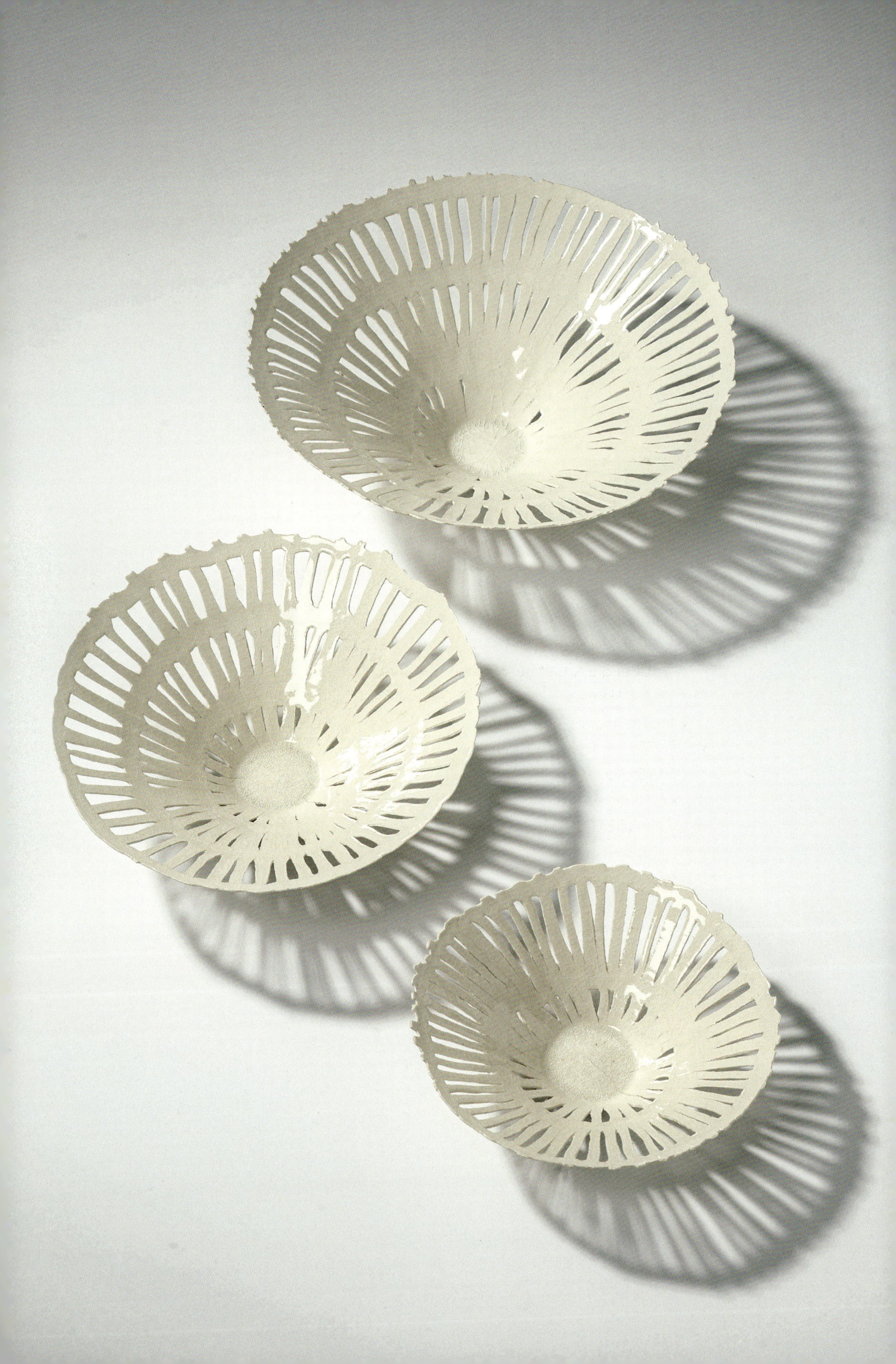

Inhaltsverzeichnis
Table of Contents

Vorwort und Dank

Die keramischen Arbeiten von Doris Bank sind formvollendete Objekte der Tischkultur, allesamt mit unendlicher Hingabe, Geduld und Leidenschaft in handwerklicher Perfektion erschaffen. Es sind verschiedene Kleinserien, schlicht, sachlich, puristisch, dennoch lebendig und vielfältig mit eleganter und gleichzeitig archaischer Ausstrahlung - stetig weiterentwickelt, nie rastend, voller Kreativität, in absolut großartiger handwerklicher Machart, aber Ihrer Zeit voraus, und: sie berühren.
Früh erhielt sie dafür - vor allem in Fernost - internationale Wertschätzung, Anerkennung und Preise. Internationale Messen (in Tokio, Paris, Frankfurt ...) und Ausstellungen waren zentraler Bestandteil ihres Lebens. Ihr zweites berufliches Standbein, die fast 25jährige Tätigkeit als Designerin bei der Firma Scheurich, Kleinheubach, half ihr, den kompromisslosen Weg ihrer freien Arbeit zu gehen.

Schönheit - „Das sinnliche Scheinen der Idee“
Georg Friedrich Wilhelm Hegel

So empfand ich immerwährend das Ringen um die Dinge und das Tun von Doris Bank - im Grunde ihr Leben als empirischer Versuch, nach einem Gesamtkunstwerk zu streben. Als sich ihr langer, konsequenter Weg auszuzahlen schien - so zählte zu ihren Kunden inzwischen u.a. Brad Pitt, der eigens einen Agenten zum Kauf von Keramik nach Miltenberg schickte -, sie als eine der der wenigen auserlesenen europäischen Keramiker*innen in die international höchst angesehene Korean International Ceramic Biennale juriert wurde, kam die Krankheit. Einfach viel zu früh.

ERINNERUNGEN, DIE UNSER HERZ BERÜHREN,
GEHEN NICHT VERLOREN
— diesen Satz hinterließ sie uns.
Ihre Keramik wird uns weiter berühren.

Foreword and Acknowledgements

The ceramic works of Doris Bank are perfectly formed objects for table culture, all of them created with infinite devotion, patience and passion in consummate craftsmanship. There are various small series - simple, austere, purist, yet lively and diverse - that radiate elegance and at the same time an archaic quality, always developed further, never resting, full of creativity, absolutely stunning in their handling but ahead of their time. And they are moving.
Early on she garnered international - chiefly in the Far East - acclaim, recognition and prizes. International trade fairs (in Tokyo, Paris, Frankfurt ...) and exhibitions were a pivotal part of her life. A back-up profession - nearly twenty-five years' employment as a designer with Scheurich, in Kleinheubach - gave her the freedom to do her own work without having to compromise.

Beauty - 'The sensuous shimmer of the Idea'
Georg Wilhelm Friedrich Hegel

This is how I saw Doris Bank's perpetual struggle and what she accomplished - her life, basically, as an empirical attempt to strive for a total work of art. Finally, when the long road she had so unwaveringly trod seemed to have been worth it after all - her clients by then included Brad Pitt, who sent an agent to Miltenberg expressly for the purpose of buying work from her - after she had been appointed as a member of the jury as one of a select few European ceramicists at the internationally acclaimed Korean International Ceramic Biennale, she was struck down by illness. Simply far too soon.

MEMORIES THAT MOVE OUR HEARTS ARE NEVER LOST
— she left this saying with us.
Her ceramics will thus continue to move us.

Möge das Buch ein Beitrag sein, die Erinnerung zu wahren! Diese Monografie ist ein Zusammenspiel von wichtigen Unterstützern und Begleitern. Dank sei allen Beteiligten: Frau Dr. Monika Fahn vom Bayerischen Kunstgewerbeverein, die von Anfang an dieses Projekt mitgetragen hat und mit Ihrer Einleitung einen wichtigen Betrag geleistet hat. Herrn Dr. Walter Lokau, für sein wertvolles Essay. Ingrid Rauscher-Andreas, Jutta Kramer-Bank, Oliver Pospiech und Andreas Groetzner für das Zusammentragen der Fotos und deren Auswahl. Klaus Sartorius für die Bereitstellung des Fotomaterials.

Den finanziellen Unterstützern, hier v.a. die Danner-Stiftung, die Firma Scheurich, Kleinheubach, der Bayerische Kunstgewerbeverein, die Handwerksform Hannover und ein Kreis von persönlichen und Keramikfreundinnen und -freunden.
Schließlich auch Dirk Allgaier und dem Team von arnoldsche Art Publishers mit Matthias Becher und der Grafikerin Silke Nalbach. Ohne deren professionellen Zuspruch, Geduld, Beiträge und Expertise wäre dieses Buch nicht entstanden.

Ute Kathrin Beck
Weggefährtin und Freundin

May this book contribute to preserving her memory! This monograph represents the joint efforts of important sponsors and companions. Thanks to all concerned: Dr. Monika Fahn of the Bayerisches Kunstgewerbeverein, who from the very beginning has supported this project and with her introduction has made a substantial contribution; Dr. Walter Lokau, for his valuable essay; and Ingrid Rauscher-Andreas, Jutta Kramer-Bank, Oliver Pospiech and Andreas Groetzner, for collecting the photographs and selecting ones for publication. Klaus Sartorius for providing the photographic material.

We are grateful to our financial backers, first and foremost the Danner Foundation, Scheurich in Kleinheubach, the Bayerisches Kunstgewerbeverein, the Handwerksform Hanover and a circle of personal friends of the artist and friends of ceramics.
And, of course, to Dirk Allgaier and the arnoldsche Art Publishers team with Matthias Becher and Silke Nalbach, graphic designer. Without their professional encouragement, patience, contributions and expertise this book would not have been possible.

Ute Kathrin Beck
Companion and friend

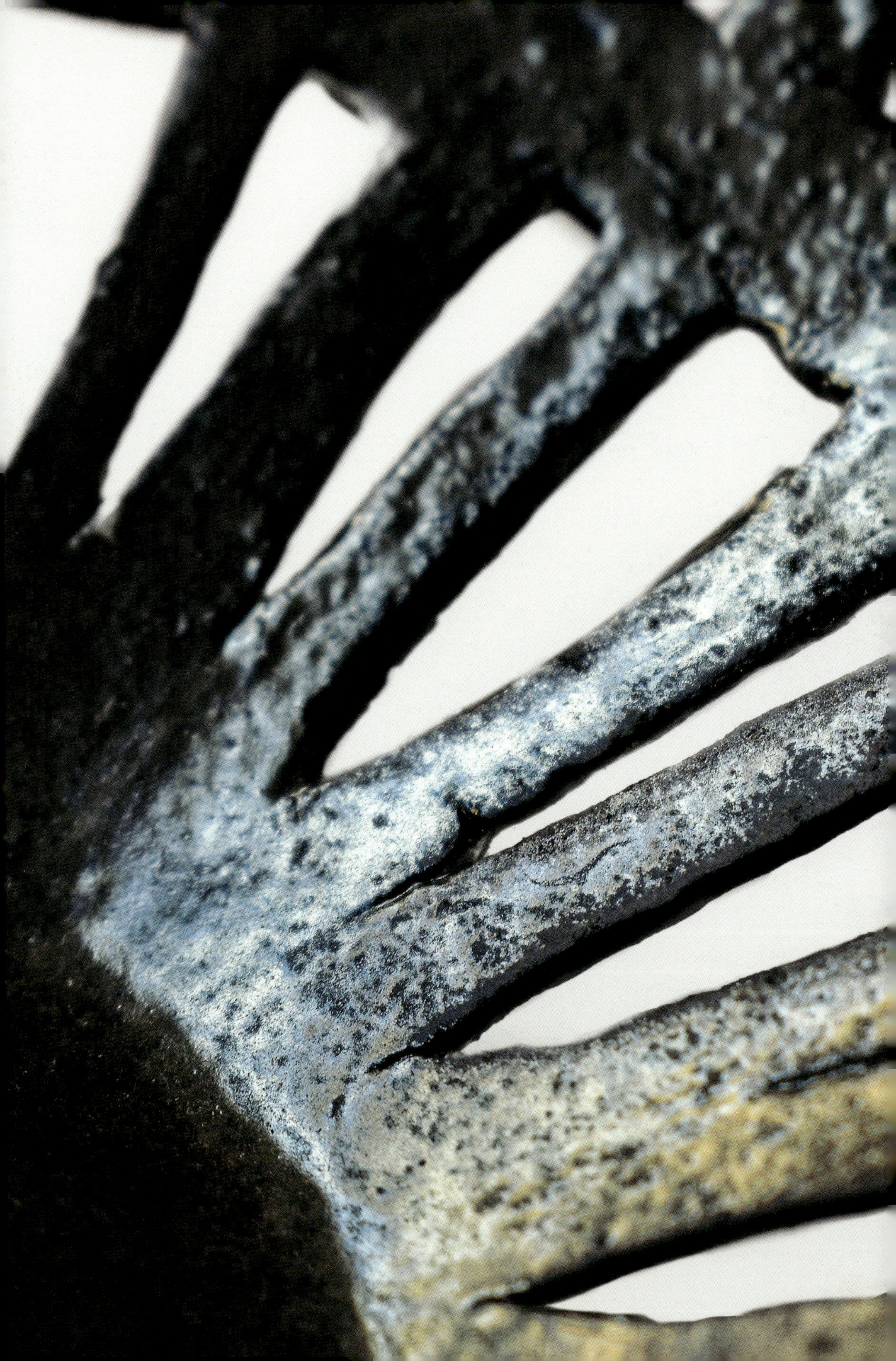

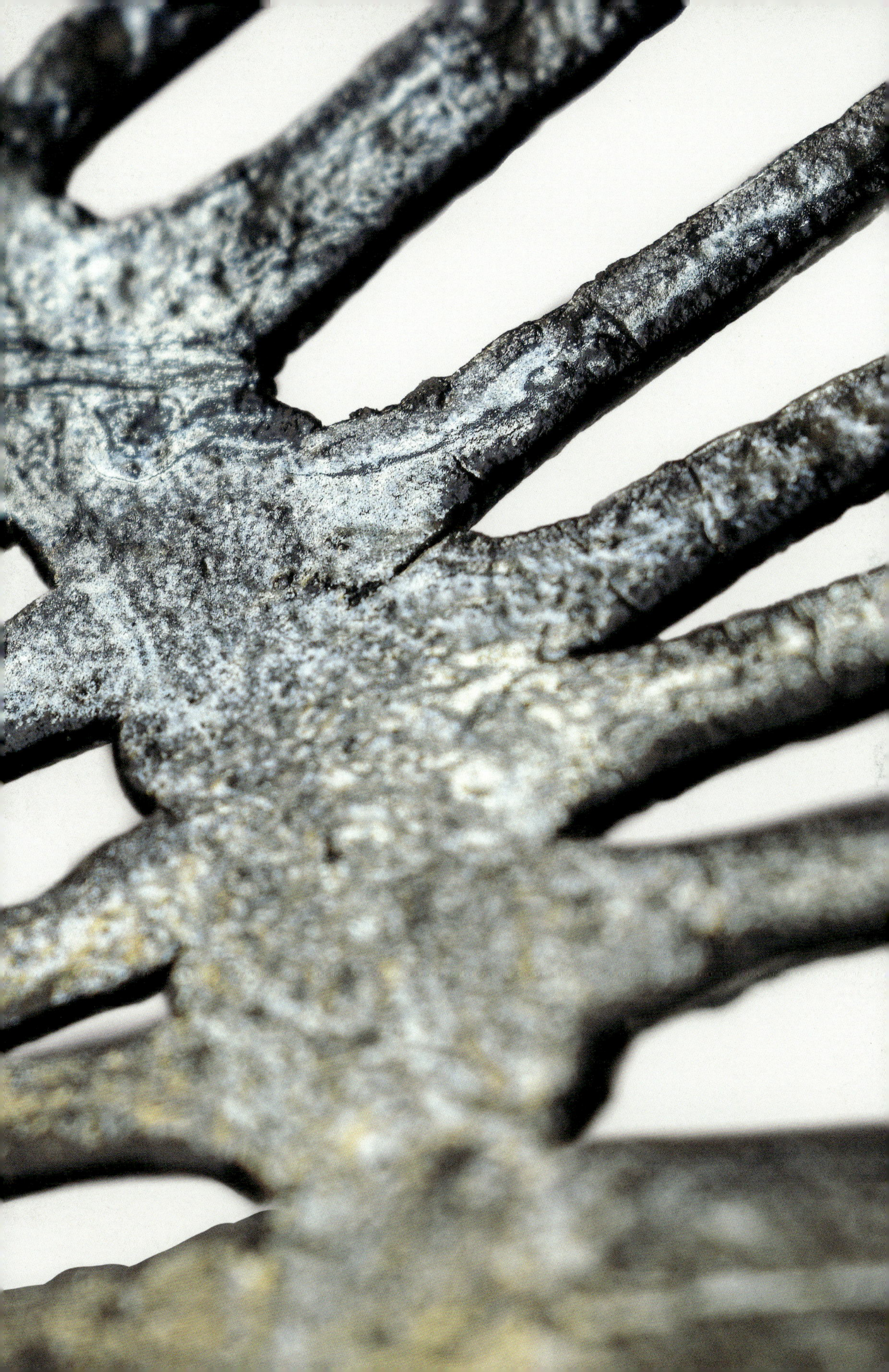

Table Art – Von Tafelkunst und Tischkultur

Monika Fahn

Doris Bank hat ihr gesamtes Schaffen der Gefäßkeramik gewidmet. Ihr Werkstoff war das Porzellan, die feinste und edelste aller keramischen Massen. Entstanden sind filigrane Gefäße von ausgewogener Schönheit und Subtilität, auffallend sind die reduzierte Formensprache, die sorgsame Farbauswahl und die extreme Dünnwandigkeit. Jedes Stück ist Teil einer Serie und doch ein Unikat. Von Hand modelliert, gedrückt und geformt, gefaltet oder geschnitten, glasiert und gebrannt.
Achtsamkeit – dieses Wort beschreibt am eindrücklichsten die Haltung der Künstlerin, die sich auf alle Lebensbereiche erstreckte. In ihrem keramischen Schaffen war Doris Bank eine Perfektionistin. Sie war kompromisslos und überließ nichts dem Zufall, wusste immer genau, was sie wollte und wie sie es technisch umsetzen konnte. So gab es nicht viele Farben, sondern nur den einen richtigen Farbton. Sie verwendete viel Zeit darauf, eigene Farbnuancen zu entwickeln. Davon zeugen hunderte Farbmusterfliesen und sorgsam archivierte Notizen zu den einzelnen Mischverhältnissen.
Doris Bank arbeitete diszipliniert und gönnte sich kaum Pausen. Sie war immer bestrebt, ihre Technik weiter zu verfeinern und dem aktuellen Zeitgeist in neuen Serien Ausdruck zu verleihen. Über die Jahre hat sie feineres Ausgangsmaterial verwendet, noch höhere Brenntemperaturen gewählt. Das Ergebnis sind sehr dünne Porzellane, zart und doch stabil. Denn alles ist auf die Benutzung angelegt. Doris Bank schuf keine Objekte, sondern „Table Art“, wie sie es nannte. Der Umgang im Alltag mit ihren Arbeiten ist entscheidend. Wir müssen den Stücken mit Achtsamkeit und Konzentration begegnen. Das ist die Wertschätzung, die wir der handwerklichen Höchstleistung von Doris Bank entgegenbringen.
Das Schaffen von Doris Bank steht ganz im Zeichen der Tafelkunst und Tischkultur. Das gemeinsame Mahl ist mehr als die täglich notwendige Nahrungsaufnahme. Es drückt die Gemeinschaft und enge Verbundenheit der Anwesenden aus, dient der Ehrung von Gästen und kann zum Höhepunkt

Table art – The art and culture of the table

Monika Fahn

Doris Bank devoted her entire career to ceramic vessels. Her material of choice was porcelain, the finest and most elegant of all ceramic pastes. She produced graceful vessels notable for harmonious beauty and subtlety. Striking features of her works are a reduced language of forms, careful choice of colours and extreme thinness of vessel walls. Each piece is part of a series yet is a one-off: modelled, pinched and formed, folded or cut, glazed and fired by hand.

Mindfulness – this word describes most vividly the artist's attitude, which extended to all aspects of life. Doris Bank was a perfectionist with regard to her work in ceramics. She never compromised; she left nothing to chance, always knew exactly what she wanted and the techniques for achieving it. Hence there weren't all that many colours, just the one right hue. She spent a lot of time on developing her own colour shades, and this is attested by hundreds of colour-sample tiles and meticulously archived notes on the mix ratio for each shade.

Doris Bank was very disciplined in her approach to working and hardly ever allowed herself breaks. She always strove to hone her technique and express the prevailing zeitgeist in new series. With the passing of the years, the raw material she used grew finer and the firing temperatures she chose ever higher. The outcome was very thin-walled porcelain pieces that were delicate yet strong. All this, after all, is meant for use. Doris Bank did not make objects; she made 'table art' as she called it. Engaging with her works in everyday life is what matters. We should approach these pieces with mindfulness and concentration. That is the only way to appreciate Doris Bank's supreme achievement in her craft.

Doris Bank's work is all about table art and the culture of the table. Eating a meal with others is more than simply ingesting the nourishment needed every day to stay alive. It expresses community and the close ties linking those present; it honours guests and can become the high point

einer Feier werden. Dieser besondere Anlass verlangt nach Besonderheit im Detail. Doris Bank sah dabei den Tisch als Bühne. Damit knüpfte sie an die über Jahrhunderte gepflegte Tafelkultur an und interpretierte sie neu. Gestalterische Kompromisse zugunsten der Funktionalität lehnte sie immer ab.

Tafelkultur - das Wort strahlt Würde und Erhabenheit aus. Es definiert ein Phänomen mit vielen Facetten: Die alltägliche Notwendigkeit sich zu ernähren, bewusst zu gestalten. Das beginnt mit den Speisen, der sorgsamen Auswahl der Nahrungsmittel, schließlich die liebevolle Zubereitung. Darauf legte Doris Bank selbst großen Wert, nahm sich immer viel Zeit zum Kochen. Höhepunkt einer Mahlzeit ist der aufwendig gedeckte Tisch mit dem Anspruch, den Gästen den Aufenthalt an der Tafel zu einem behaglichen und unvergesslichen Erlebnis zu machen. Hinter dem Decken des Tisches mit dem notwendigen Geschirr und Gerät, aber auch mit schmückenden Gegenständen, steht ein kreativer Akt.

Doris Bank bietet mit ihren Serien reichliche Variationsmöglichkeiten. Am häufigsten begegnen uns Schalen, Teller, Becher und Löffel. In den verschiedenen Serien findet sich eine umfangreiche Farbpalette. Auch Dekore kommen zum Einsatz, immer als flächige Muster umgesetzt. Die Verschiedenheit der Oberflächen spielt eine große Rolle. Doris Bank liebte den Gegensatz von naturbelassenen Außenflächen und glasierten Innenseiten. Wie Papier gefaltete Formen und durchbrochene Flächen eröffnen ihre Virtuosität im Umgang mit plastischen Strukturen. Alle Einzelteile passen zusammen. So darf probiert und kombiniert werden, um auf der Tafel ein spannungsreiches Ensemble entstehen zu lassen. Entscheidend ist, am Ende wird sich immer eine Einheit ergeben. „Zum Erfüllen dieser schönen Aufgabe bedarf es nicht in erster Linie kostbarer Dinge; es kommt vor allem nicht darauf an, dass Ess- und Trinkgeräte von prunkvollem Gehabe sind. Entscheidend ist einzig, dass die Dinge, die den gedeckten Tisch ausmachen, bei aller Verschiedenartigkeit eine Einheit bilden“[1] schreibt 1951 der Schweizer Kunsthistoriker und Konservator des Züricher Kunstgewerbemuseums Willy Rotzler. Diese sich wie selbstverständlich ergebende Einheit hat Doris Bank bereits bei der Fertigung ihrer Keramik minutiös geplant.

Um das gemeinsame Mahl zu einem Erlebnis werden zu lassen, bedarf es noch mehr. „Wenn auf dem Frühstückstisch ein Kuchen steht, der von brennenden Kerzen gesäumt ist, wird deutlich, dass ein Tag angebrochen ist, der sich von vielen anderen des Jahres unterscheidet. Das Spezielle liegt nicht im Kuchen per se, der das Frühstücksangebot erweitert, sondern darüber hinaus im festlichen Kerzenlicht.“[2] So beschreibt es schon 1880 die österreichische Malerin und Schriftstellerin Eufemia von Kudriaffsky. Es ist das sinnliche Erlebnis, das aus einem Essen ein Mahl und sogar ein Fest

of festivities. Such a special occasion calls for particular attention to details. Doris Bank viewed the table as a stage. In so doing, she linked up with table culture as practised for centuries and reinterpreted it. She always rejected compromises in design in favour of functionality.

Table culture - the very term is redolent of dignity and sublimity. It defines a multifaceted phenomenon: the need to consciously design the mundane necessity for ingesting nourishment. That means beginning with the food itself, carefully choosing foods and preparing them with love. Doris Bank attached great importance to this herself, always taking plenty of time to cook well. The high point of a meal is an elegantly laid table which is aimed at making the time guests spend on the partaking of a repast a comfortable and memorable experience. A creative act underpins laying a table with the necessary tableware and cutlery, but it should also include decorative objects.

With her series, in which a wide-ranging palette of colours is deployed, Doris Bank provides richly diverse possibilities for variation. We most frequently encounter bowls, plates, beakers and spoons. Decoration is also used, always translated into surface patterns, the differences of which play a major role. Doris Bank loved the contrast between exterior surfaces left as they came out of the kiln and glazed interiors. Forms like folded paper and pierced surfaces showcase her virtuosity in dealing with three-dimensional structures. All individual parts of any particular series are recognisably part of it and can be combined as desired. Mix-and-match makes for an exciting tablescape. Crucially, you will always end up with unity. 'To perform this pleasing task, expensive things are not a prime necessity; above all, dishes and drinking vessels needn't be showy and ostentatious. The only thing that matters is that a table has been laid with things that ultimately form an aesthetic whole, disparate though they may seem,'[1] wrote Willy Rotzler, a Swiss art historian who was a conservator at the Zurich Museum of Applied Arts in 1951. While working on her ceramics, Doris Bank planned in minute detail the unity that seems to result of its own accord as if by magic.

Even more is needed to ensure that a meal enjoyed in company becomes a memorable experience. 'When a cake decorated with burning candles stands on the breakfast table, it is clear that a day has dawned that differs from many others of the year. What is special is not the cake as such enlarging the breakfast menu but that it does so in festive candlelight.'[2] As early as 1880 the Austrian painter and writer Eufemia von Kudriaffsky was putting table culture in a new light. It is the sensuous experience that makes a repast, or even a feast, of a meal. Here the tableware used makes a substantial contribution. All Doris Bank's pieces radiate both sensuousness and elegance. These qualities are underpinned by the

werden lässt. Hier leiten die verwendeten Geschirrteile einen entscheidenden Beitrag. Alle Arbeiten von Doris Bank strahlen Sinnlichkeit und Eleganz aus. Dahinter steht die große Feinfühligkeit, welche die Keramikerin im Umgang mit dem Material Porzellan besaß.
Doris Bank war produktiv, ständig auf der Suche nach der Perfektion ihrer Formensprache und Technik. Ihre letzte Serie trägt den Namen SHADE. Den Werkprozess hat sie selbst beschrieben: „Die Porzellanmasse ist zu sehr dünnen Platten gewalzt, woraus die Objekte gefaltet und modelliert werden. Mit eingefärbtem Porzellan werden die Gefäße dann mit einem reliefartigen Dekor versehen. Die Stücke sind bei 1.250 °C gebrannt."
Entstanden sind Gefäße von höchster Vollendung, die Doris Bank selbst am besten beschrieben hat: „Die Porzellanserie SHADE besteht aus gefalteten Bechern, Schalen und Vasen mit puristischen Formen und einer sowohl eleganten, als auch archaischen Ausstrahlung. Die Dekortechnik bedingt eine reliefartige Oberfläche mit überraschender Haptik. Durch die extreme Transluzens des Porzellans entstehen interessante Licht- und Schattenwirkungen. Gitterstrukturen wirken dadurch als Gefäßgerüst."
Wie gerne hätten wir mit Spannung auf weitere Serien gewartet. Leider fand der künstlerische Schaffensprozess von Doris Bank ein viel zu frühes Ende. Was bleibt, sind zahlreiche Erinnerungen und vor allem eines - viele wunderbare Arbeiten.

1 Willy Rotzler: Der gedeckte Tisch. In: Das Werk: Architektur. Kunst. Künstlerisches Gewerbe, Bd. 38, 1951, Heft 12: Gepflegtes Wohnen, S. 374.

2 Eufemia von Kudriaffsky: Die historische Küche von den alten Griechen bis zur Neuzeit. Wien, Pest, Leipzig 1880, S. 211.

enormous sensitivity the ceramicist possessed in dealing with porcelain as a material.

Doris Bank was productive, constantly seeking to perfect her language of forms and technique. Her last series is called SHADE. She described the work process herself: 'The porcelain paste is rolled into very thin slabs, from which the objects are folded and modelled. After stains and oxides have been added to the porcelain paste, the vessels formed of it are given relief-like decoration. The pieces are fired at 1,250 °C.' The vessels thus produced are perfection, which Doris Bank also best described herself: 'The SHADE porcelain series consists of folded beakers, bowls and vases with puristic forms and an aura that is both elegant and archaic. The decoration technique causes a relief-like surface that is surprisingly tactile. The extreme translucence of the porcelain creates interesting light-and-shade effects. Thus lattice structures look like internal scaffolding for the vessel.' How we would have loved waiting in anticipation for more series. Unfortunately, Doris Bank's creativity came to an end far too soon. What remains are all those memories and, one thing above all, many wonderful works.

1 Willy Rotzler, 'Der gedeckte Tisch', *Das Werk: Architektur, Kunst, Künstlerisches Gewerbe*, Vol.38, 1951, Heft [No.] 12: *Gepflegtes Wohnen*, p. 374.

2 Eufemia von Kudriaffsky, *Die historische Küche von den alten Griechen bis zur Neuzeit*, Vienna, Pest, Leipzig 1880, p. 211.

Eine andere Ordnung von Schönheit
Über die Arbeit der Keramikerin Doris Bank

Walter Lokau

Dann begann sie, sich umzusehen, und bemerkte, daß alles, was vom alten Zimmer aus gesehen werden konnte, ganz gewöhnlich und uninteressant erschien, alles übrige aber so verschieden wie nur irgend möglich war.
Lewis Carroll: Alice hinter den Spiegeln

Empfindlich war sie in allem, was ihre Arbeit anlangte, die 1964 im fränkischen Bamberg geborene Doris Bank - überaus wählerisch, von den Rohstoffen über die Verarbeitung und Gestaltung bis zur schließlich durch den hohen Brand gehenden Tischware, delikat in jeder Hinsicht, in jeder Kleinigkeit, in jedem Detail.
Schon die Frage der Qualität des zu verwendenden Ausgangsmaterials - Porzellan und Steinzeugton, mehr oder weniger schamottiert, geschmeidig oder spröde, im Ofen mehr oder weniger schwindend, mehr oder weniger im Feuer sich verziehend, von eisreiner Weiße oder milchigmilder Gelblichkeit nach dem Brand das Porzellan, durchscheinend oder nicht, fein samtig schmeichelnd oder leicht rau schmirgelnd - war ihr Anlass geduldigen Experimentierens, des wieder und wieder Verwerfens probierter Massen, des Mischens und Versetzens, dann aber endlich des gründlich versicherten Annehmens, in der Gewissheit, dass diese schier labormäßig erprobte Masse nun das ihr Passende sei.
So war es mit jedem anderen Aspekt ihrer Arbeit: Glasur- und Massefarben, Engoben, Dekore, Oberflächen, Formen - nichts wäre praktischer gewesen, als Gießformen zu bauen, Fertigglasuren anzurühren, doch nach Vorbild ging ihr nichts, nichts durfte gar fertig aus der Tüte kommen. Unabgekürzt eigen sollte alles insgesamt sein, wie ein aus gebräuchlicher Syntax und Grammatik, aus dem allgemein benutzten Vokabular für sich abgezweigtes Idiom, eine schönere Privatsprache eigentümlichen Klanges, mehr Melos

A different ordering of beauty

The work of Doris Bank, ceramicist

Walter Lokau

> Then she began looking about, and noticed
> that what could be seen from the old room was quite common
> and uninteresting, but that all the rest was as different
> as possible.
>
> *Lewis Carroll: Through the Looking Glass and what Alice found there*

Doris Bank, born in Bamberg, Franconia, in 1964, was sensitive, indeed very discerning, about everything associated with her work – from her choice of raw materials, handling and design to the high firing she subjected her tableware to – exquisitely fastidious in every respect, in all nuances, down to the last detail.

The question of the quality of the raw material she used – porcelain paste and stoneware body, how much it was grogged, supple or brittle, how much it shrank in the kiln, how much it warped during firing, whether porcelain was pure icy white or mildly milky or creamy after the biscuit firing, translucent or not, velvety fine or slightly sandpapery to the touch – supplied her with the welcome excuse for patiently experimenting, over and again discarding pastes she had tried out, mixing and wedging before setting aside to rest, then finally accepting, certain that this paste was the right one for her purposes after all the sheer drudgery that had gone into it.

That was how it was with every other aspect of her work: glaze and paste colours, slips, decoration, surface, forms – nothing would have been more convenient than making moulds, stirring up ready-made glazes, yet she did nothing according to prescription; nothing ready-mixed would have been permitted. Everything was to be hers alone, with no corners cut, like an idiom converted for her own use from the usual syntax and grammar, from the lexis of common usage, a more beautiful private language with a

statt Logos, als gälte es, Sprache und Welt neu zu erfinden. So verging, bevor überhaupt etwas entstand, wie im wägenden Laufe des Entstehens, zunächst viel Zeit, die sich als eine Kette unvermeidlich aufeinander folgender Entscheidungen fügte, sorgsame Unterscheidungen, über Wochen, Monate und Jahre, stets die Seite des möglichst Richtigen auswählend, geleitet nur vom eigenen Gefühl. Dabei hätte gerade sie, die für die Sparte der keramischen Industrie Ausgebildete und im Brotberuf dort auch immer Tätige, es einfacher haben können, wusste sie doch nur zu gut um billige Rationalisierungen - kurz: Doris Bank machte es sich schwer mit der Keramik und dem nur das eigene Maß kennenden Anspruch. Von all diesen in die Schale, den Teller, den Becher, die Vase, die Dose eingegangenen und unmerklich zu spielerischer Leichtigkeit verwandelten Skrupeln bemerkt man freilich obenhin fast nichts mehr. Doch flackert eine leichte Irritation...

Doris Bank war keine Töpferin, wenn man die seit Jahrtausenden genutzte, Gleichmaß und rasches Herstellen rotationssymmetrischer Gefäße bewährende Drehscheibentechnik als zum Wesen des Metiers gehörig versteht. Das Drehen von Gefäßen an der Töpferscheibe war ihre Sache nie: Ausgebildet zwar an den keramischen Fachschulen in Landshut und Höhr-Grenzhausen war sie später als Kerammodelleurin und Keramikdesignerin tätig und stand, beruflich zumindest, dem *industrial designer* näher als dem mit keramischen Unikatgefäßen befassten *studio potter*, wie er sich in der zweiten Hälfte des 20. Jahrhunderts als selbstbestimmt kreative, unentfremdete Idealfigur des freien Töpfers etabliert hat. Die Arbeit des angestellten Keramikdesigners hingegen ist in der Regel nicht selbstverwirklichend, sondern zielt arbeitsteilig über den Entwurf, das Herstellen von Gipsmodellen und deren Negativformen auf die industrielle Produktion vornehmlich gegossener keramischer Ware - Geschirr, Vasen, Blumentöpfe, Sanitär- oder Baukeramik; je nachdem aus Irdenware, Steingut, Steinzeug oder Porzellan. Es ist dies eine höchst rationale, den Gesetzen des Marktes gehorchende, auftragsabhängige und spielraumarme Tätigkeit, heute oft computergestützt in zunehmender Entfernung von Material und Handarbeit. Hält man ihre berufliche Tätigkeit für die Firma Scheurich in Kleinheubach am Main - einen Katzensprung flussabwärts des Städtchens Miltenberg, wo sie seit 2000 ihr eigenes Atelier unterhielt - gegen Doris Banks eigene Arbeit, ist augenfällig, dass ihr eigentliches Interesse in einem Woanders lag, abseits des Ökonomischen unserer zählenden Welt. Zu sehr sticht, was sie für sich und einen doch nur kleinen Kreis von Zugetanen in stiller Hartnäckigkeit entwickelt und hervorgebracht hat, ab von marktgängiger Firmenware, als sollte dieses Eigene just deren Gegenteil abgeben. Gewisse Merkmale einer Produktion - Funktionalität und Serialität nämlich - übernimmt sie allerdings für die eigene Arbeit,

distinctive sound of its own, more melos than logos, as if language and world were to be reinvented. Thus before anything emerged at all, as in the course of consideration, a great deal of time elapsed, which ineluctably concatenated sequential decisions, decisions taken carefully, over weeks, months and years, always choosing the side of what was as right as possible, led entirely by her own feelings. Yet she, in particular, trained as she was in industrial ceramics and working as she always did in that field to earn a livelihood, could have had a much easier time of it since she was only too aware of the availability of easy shortcuts. In brief, Doris Bank made it difficult for herself in ceramics with her ambition to accept only her own standards. Of course, all those scruples that went into every bowl, plate, beaker, vase and jar she made yet were imperceptibly transformed into playful lightness went unnoticed. Nonetheless, there was a slight glint of uneasiness ...

Doris Bank was not a potter at all, if the technique of throwing on the wheel used for thousands of years to rapidly produce standardised vessels by means of rotational symmetry is regarded as essential to the trade. Throwing vessels on the potter's wheel was never her thing. Although trained at the specialist vocational schools in Landshut and Höhr-Grenzhausen, she later worked as a modeller, making clay models of articles to be produced by others, and as a ceramics designer; she was thus closer, professionally at least, to being an industrial designer than a studio potter engaged in making one-off ceramic vessels, a type that became established in the latter half of the twentieth century as a self-determined, creative, ideal figure untouched by alienation and defamiliarisation. The work done by a salaried ceramics designer on the other hand does not, as a rule, lead to self-actualisation but is organised on the division of labour principle, the making of plaster models and negative moulds of them, aiming to industrially produce mainly cast ceramic wares - chiefly tableware, vases, flowerpots, sanitary and architectural ceramics in earthenware, creamware, stoneware or porcelain depending on type. This is a highly rationalised employment environment, obeying the laws of the market, dependent on orders and leaving little scope for individual creative input, and is nowadays often computer-aided, leading to increasing distance from the materials used and craftsmanship. A comparison of the work Doris Bank did professionally for Scheurich, a company in Kleinheubach am Main - just a stone's throw away down the river from the town of Miltenberg, where she had a studio of her own from 2000 on - and her own work immediately makes clear that what she was really interested in was something very different indeed, at a far remove from the economic considerations of a consumer-orientated world. What she developed and produced, working

unterläuft aber im gleichen Zuge die rechnende Rationalität aus Zwecken, verspielt diese zu poetischer Vieldeutigkeit. Wo Industrieproduktion taktmäßig maschinell, ohne Zutun einer menschlichen Hand das ununterscheidbare Immer-Gleiche in Mengen herstellt, erschafft Doris Bank durch forcierte, unmittelbar fingerfertige, dabei zeitdehnend langsame Handarbeit kleine serienartige Reihen keramischer Gefäße, die wie lebendige Wesen einander so ähnlich sind, wie sie sich ungleich bleiben und mithin die Grenze von Serie und Unikat verschwinden lassen. Dass die Bestimmung solcher Gefäße, ihr praktischer Zweck ebenfalls seltsam unscharf bleibt, tut ein Übriges, das unökonomische *surplus* einer um den bloßen Zweck erleichterten Schönheit zur Blüte zu bringen. Auf ebenmäßige Perfektion und Wiederholung war Doris Bank nie aus - ihr ging es um die Vielfalt schöner Individualität des ungleich Ähnlichen.

Doris Bank nutzte einfachste, unmittelbarste Techniken, mit den Händen ihre Gefäße direkt aus der plastischen Masse zu formen, Modellieren, Drücken, Bauen, später das Montieren aus dünnst gewalzten Steinzeugton- und vor allem Porzellanplatten, freihändige Techniken allesamt, denen die exakte Wiederholung von Formen sowieso schwer ist. Hier wird nichts kaschiert: Wie ihre Arbeiten gemacht sind, liegt stets offen zutage. Ungeglättet weisen die Wandungen der modellierten Gefäße eine Textur auf, lebendige Marken der formend drückenden Finger, nie ganz taktreine, leicht unregelmäßige Rhythmik aufbauender Zeitzeilen kleinen, wiederholenden Tuns, das noch dem scharfen Rand das Spiel seiner ungeraden Bildung lässt. Nicht weniger durchschaubar in ihrer Machart sind die späteren gefalteten oder gerollten Gefäße, runde Becher und Vasen, quadratische Schalen: Gebogen und geknickt aus zugeschnittenen Materialbögen verbergen sie nicht Falz noch Lasche und täuschen über die feuerstarre Härte der Keramik. Formen und Techniken bedingen dabei einander, der Simplizität des Machens entspricht das Einfache der Formen, der effektheischende Manierismus komplizierterer Gebilde bleibt ihnen fremd. Doch man mache sich keine Illusionen: Diese artifizielle Primitivität wäre nicht leicht zu imitieren. Spätestens im Brand rissen Böden und Kanten, lösten sich Verbindungen, bröselten Ränder, sprängen Wandungen. Akkuratesse und Erfahrung stammen, wie Doris Bank gewiss ohne Übertreibung einmal bemerkte, aus Jahrzehnten.

Begonnen hatte das Erfahrungssammeln mit Raku-Arbeiten, die das Spätere schon probierten, an Schalen, Tellern, Platten, an starkwandigen, schweren Kelchvasen, außen roh und kohlenstoffschwarz, innen mit wie Farbe opak aufliegenden Glasuren oder florealen Reserve- und Prägedekoren. Es mag die Unaufwendigkeit des Rakubrandes gewesen sein, was lockte - in der Wirkung und vor allem im Gebrauch aber reichte das pappen unklingend Niedriggebrannte nicht an das ungleich edlere, viel unempfind-

quietly and persistently for herself and only a small circle of devotees, was in stark contrast to industrially made wares for the market, as if her own work was meant to be the polar opposite to them. She did, however, incorporate specific features of mass-produced ware - functionality and seriality, to be precise - in her own work while subverting calculated instrumental rationality by playfully converting it to poetic polysemy. Whereas industrial manufacture by machines working synchronously without the aid of a human hand always produces indistinguishably standardised outputs in large quantities, Doris Bank, working dexterously by hand in slow, time-intensive craftsmanship, went out of her way to create small serial editions of ceramic vessels that, like living organisms, resemble each other as closely as they remain dissimilar and therefore blur the boundaries between the series and the one-off. That the function of such vessels, the practical purposes to which they might be put, also remains oddly unclear goes one step further to promoting the flowering of the uneconomical surplus value of beauty for its own sake. Doris Bank was always uninterested in uniform perfection and replication. What she was after was the diversity of the beautiful individuality inherent in dissimilar similarity.

Doris Bank applied the simplest of direct techniques to her vessels, working entirely by hand to shape, model, pinch, build and later mount slabs of stoneware clay and, above all, porcelain paste, rolled as thinly as possible, all freehand techniques, which in any case make the exact replication of forms more difficult. Here nothing is hidden: how her pieces were made is always patently obvious. Remaining unsmoothed, the walls of the vessels she modelled reveal texturing, the living marks of shaping, pinching fingers, never quite in sync, the slightly irregular rhythm built up of timelines by means of slight, repetitive action that leaves sharp edges leeway for uneven formation. The handling of the later folded or rolled vessels, round beakers and vases, square bowls is no less explicit: curved and bent of slabs of material cut to size, they conceal neither folds nor tabs and camouflage the hardness the ceramic acquired in firing. Forms and techniques are interdependent. The simplicity of handling matches austerity of form; the pretentious mannerism of more complicated configurations is alien to them. Still, be under no illusions: this artificial primitiveness would not be easy to imitate. During the firing process at the latest, vessel bottoms and edges would tear, luting would come undone, edges crumble, walls crack. Acquiring precision and experience, as Doris Bank once observed, indeed without exaggerating, takes years.

She started acquiring experience by producing works in raku, which would be trial pieces for what would come later as bowls, plates, platters, as thick-walled heavy chalices that were rough outside and black as charcoal but inside with glazes laid on like opaque paint or floral resist-and-stamped

lichere Hochgebrannte heran. Der angeschaffte, über 1200°C brennende Ofen ermöglichte das Brennen von Steinzeug und Porzellan, und endlich kommen vor allem auf dem weißen, immer dünner und durchscheinender werdenden Porzellan mit Schablonen aufgebrachte, dunkel kontrastierende Dekore und zartfarbige, nun lichtklare Glasuren im Inneren der Gefäße zur vollen Geltung, in den Unebenheiten der Oberflächen sich sammelnde, durchlichtete Chromatik. Schälchendosen mit inliegenden, zipfligen Deckeln, gefußte Kelche, zierliche Kännchen und Löffel ergänzen das Repertoire. Anstelle der Glasur kann frei mit dem Pinsel aufgetragenes Gold, deckend oder in dünnlinigen Dekoren als Gitterstruktur und Strahlenkranz oder schließlich ein mit kleinem Spachtel in waagrechtem Umlauf Absatz um Absatz aufgetragenes, auf dem Porzellan verwischtes Dekor von dunkler Engobe treten. Doris Bank mischt sich eingefärbte Massen, baut von Eisenoxid dunkelmetallen schimmernde Gitterschalen und -vasen. All diese über Jahre erarbeiteten Möglichkeiten aus verschiedenem Material, aus Formen, Glasuren und Dekoren bündelt sie schließlich in einem kombinatorischen, in sich offenen Serien-Programm, in dem doch ein jedes Teil durch und durch Handarbeit ist, flirrend in merkwürdiger Paradoxie: So seriell wie einzigartig, so gewöhnlich wie kostbar, so grob wie zart, so absonderlich unglatt wie bezaubernd im Unperfekten irritiert und lockert diese spielerische Programmkeramik ironisch unser Verhältnis zum konventionell makellosen Industrie-Geschirr, mithin zur hergebrachten Tischkultur und Tafelordnung, kompaktes Kleinbild gesellschaftlicher Hierarchien Europas.

Doris Banks Arbeit entfaltete sich in einem kaum einzuordnenden Dazwischen: Weder-Noch und Sowohl-Als-Auch fallen in diesem seltsamen Bereich in eins. Es ist kein Zufall, dass man gerade in Deutschland sich schwer tat mit derlei Unkategorisierbarem, das Beachtung eher in einem fernen Kulturkreis mit gänzlich anderen Keramiktraditionen und einem anderen Blick auf die Dinge fand. Doris Banks Präsentationen auf internationalen Wettbewerben für Kunsthandwerk und Keramik in Korea, Japan und China wurden 2013 und 2014 mit Preisen und Auszeichnungen bedacht. Dass 2015 hierzulande der Hessische Staatspreis der Frankfurter Messe folgte, versöhnt ein wenig mit der für ein singulär Besonderes so oft unempfindlichen Allgemeinheit. Dass, was nach eineinhalb Jahrzehnten dann soweit gediehen war, durch eine unheilbare Krankheit plötzlich abgebrochen wurde, bleibt ein Verlust, mit dem man sich nicht versöhnen mag.

decoration. What attracted her may have been the simplicity of raku firing, which in effect and especially from the utilitarian standpoint - crusty, dull-sounding low-fired, as it is - did not hold a candle to far more elegant yet far less friable and fragile high-fired ceramics. Procuring a kiln that could fire at temperatures above 1200 °C enabled her to fire stoneware and porcelain. Finally decoration applied with stencils in dark contrasting colours and delicately tinted, what were by now light and clear glazes inside vessels, most notably on white porcelain that grew thinner and more translucent with time, could be shown to best advantage, in translucent chromaticism collecting in the irregularities of surfaces. Little jars with enclosing, pointy lids, footed goblets, graceful jugs and spoons completed her repertory. Instead of glaze, gold might be applied freehand with brushes to cover surfaces or in finely linear latticing and sunbursts, or decoration might even be formed of dark slip applied all round in the horizontal, recess by recess, with a small putty knife and smudged on the porcelain. Doris Bank mixed her own stained pastes, built bowls and vases latticed with the darkly metallic shimmer of ferric oxide. In the end she combined all these possibilities worked out over the years with different materials, forms, glazes and types of decoration in a random programme of arbitrarily open-ended series, in which each part was entirely made by hand, glittering in an idiosyncratic paradox: both serial and one-off, commonplace and precious, coarse and delicate, singularly unsmooth yet enchantingly imperfect, this playful agenda of ceramics ironically disrupts and loosens our ties to conventionally flawless industrially manufactured tableware, hence to the traditional table manners and ways of laying a table that are a compact microcosm of European societal hierarchies.

Doris Bank's work developed in an interstitial zone that defies definition: neither-nor and both-and coincide in this strange area. It is no coincidence that in Germany especially, people had problems with something so unclassifiable and that acceptance tended to come from a remote culture with entirely different ceramics traditions and a different way of viewing things. Doris Bank's launches at international competitions for crafts and ceramics in Korea, Japan and China earned her awards and distinctions in 2013 and 2014. That these honours were followed up in her native Germany in 2015 with the Hessian State Prize awarded at the Frankfurt Trade Fair goes some way to reconciling us with a public so often insensitive to anything special or singular. After that, what had come so far in a decade and a half being abruptly cut off by a terminal illness remains an irreparable loss.

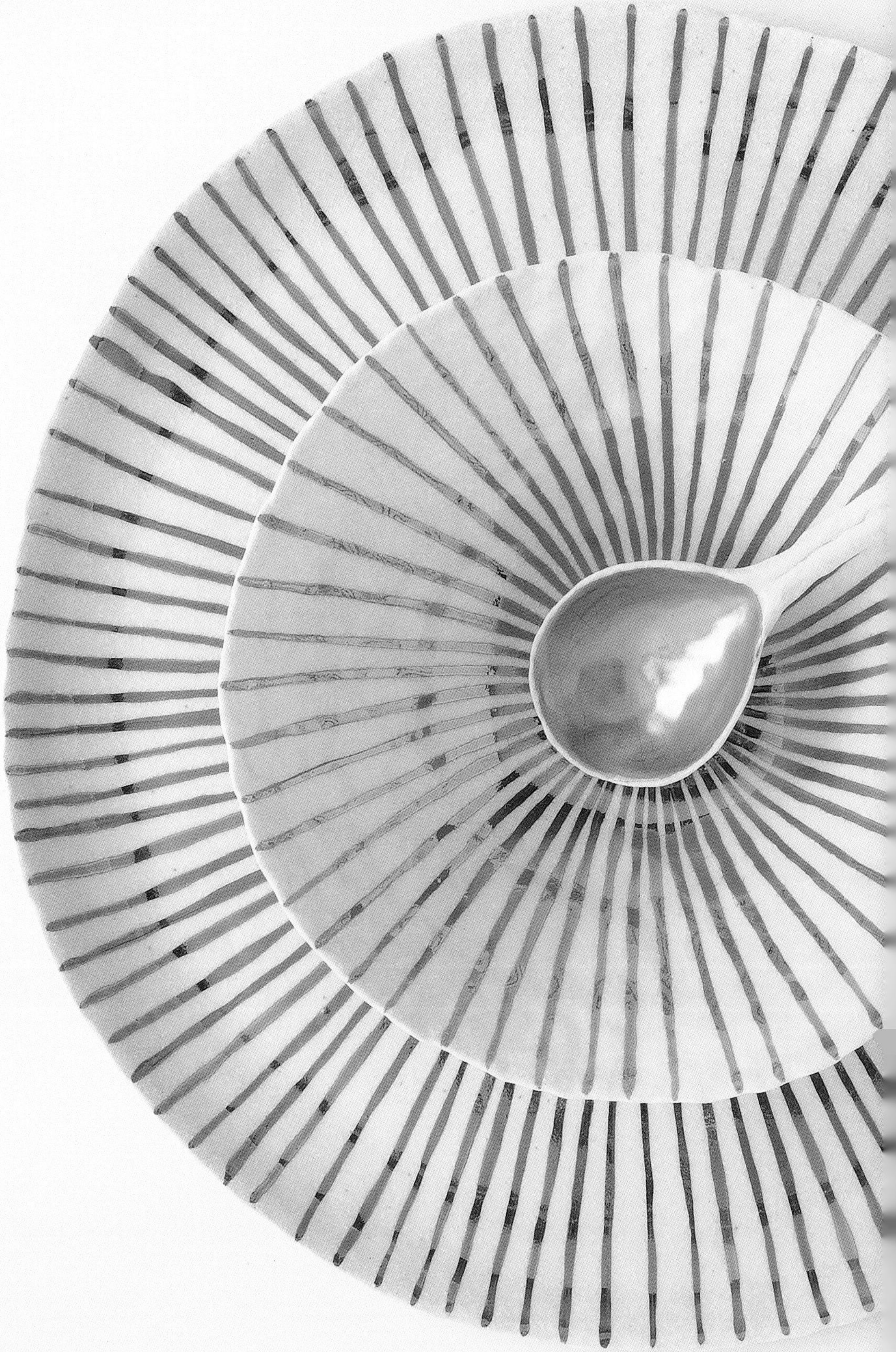

Arbeiten
Works

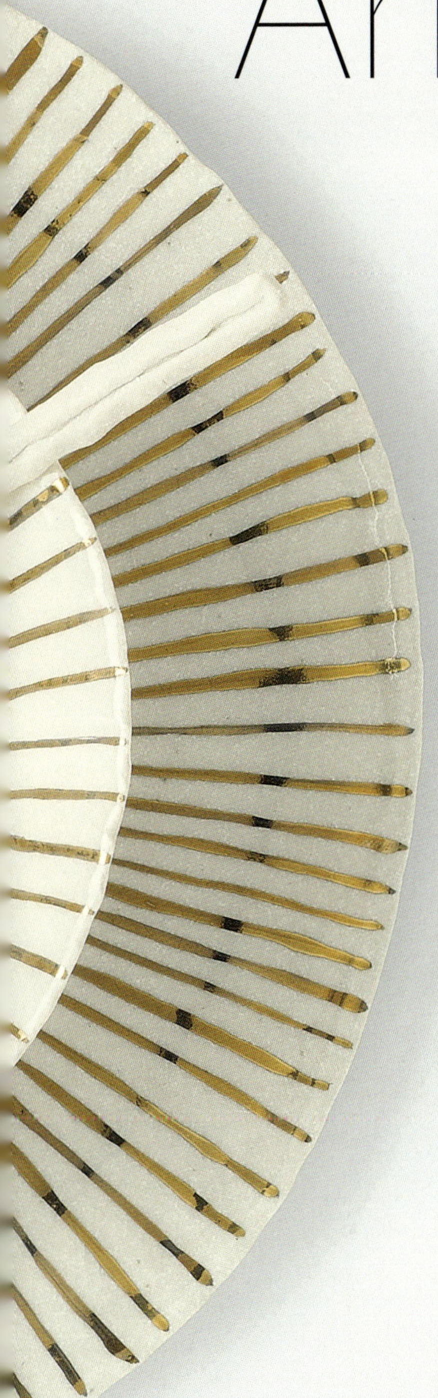

Der Anfang der Bildlegenden bezeichnet die Serie.
The beginning of the captions indicates the series.

 RAKU, Steinzeug ⁄ stoneware, Vase ⁄ vase H. 37 cm, 2005

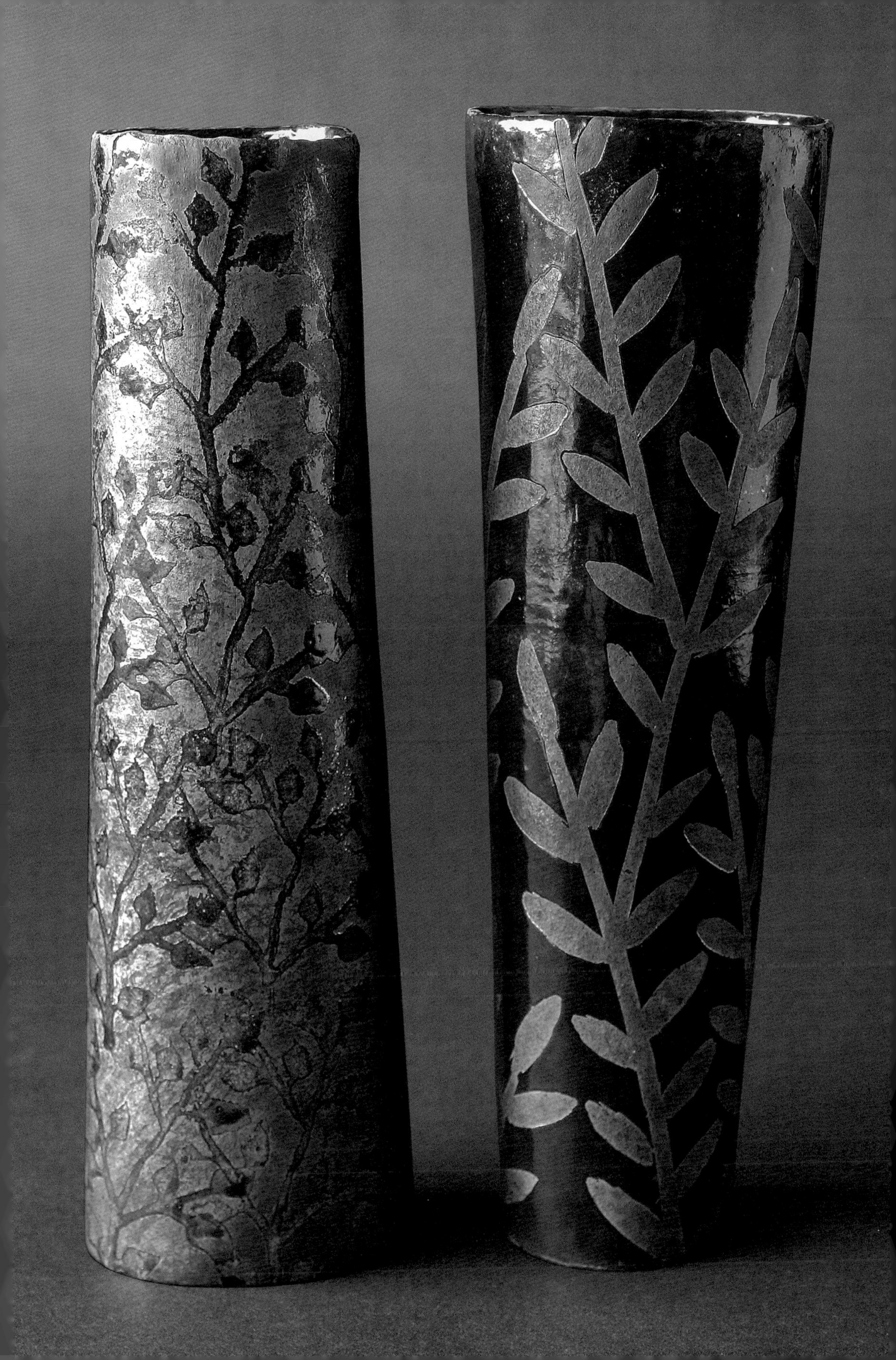

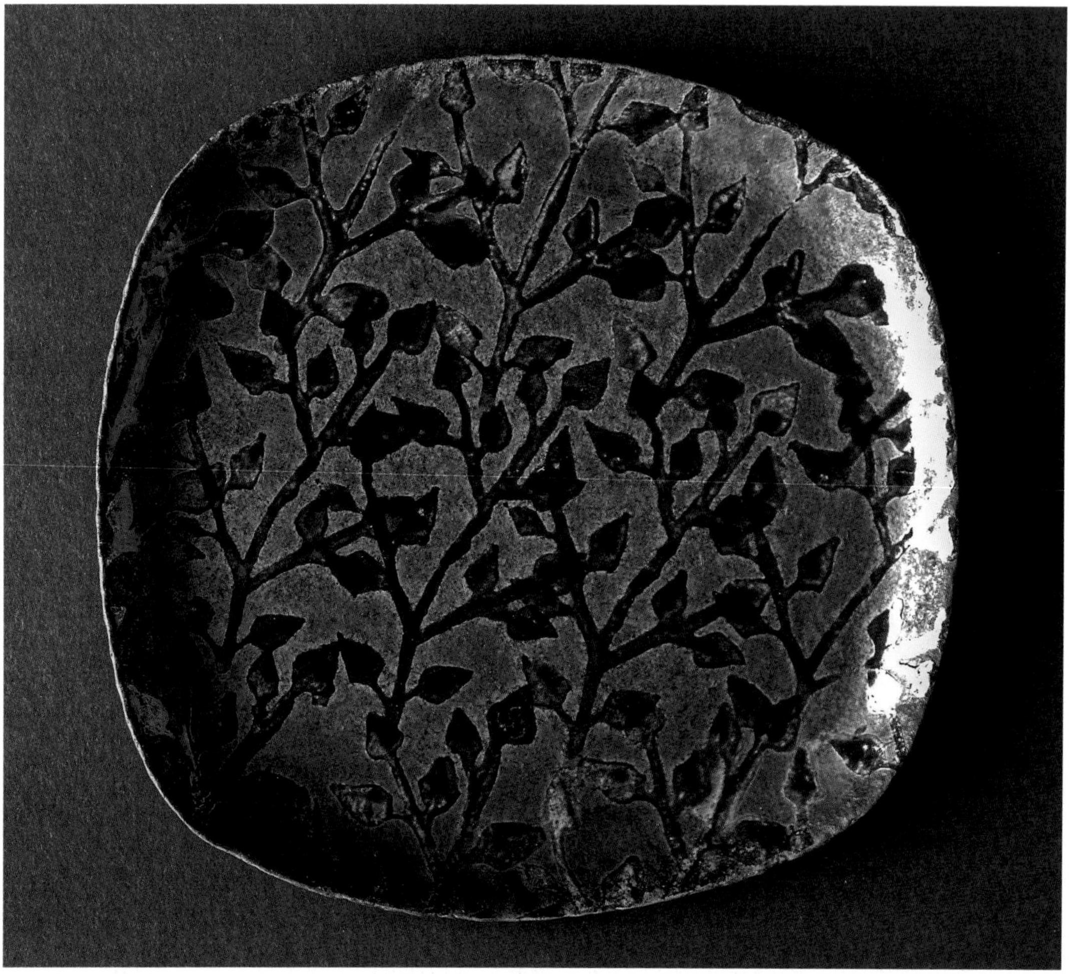

30 RAKU, Steinzeug ⁄ stoneware, Platte ⁄ plate L. 22 cm, 2006

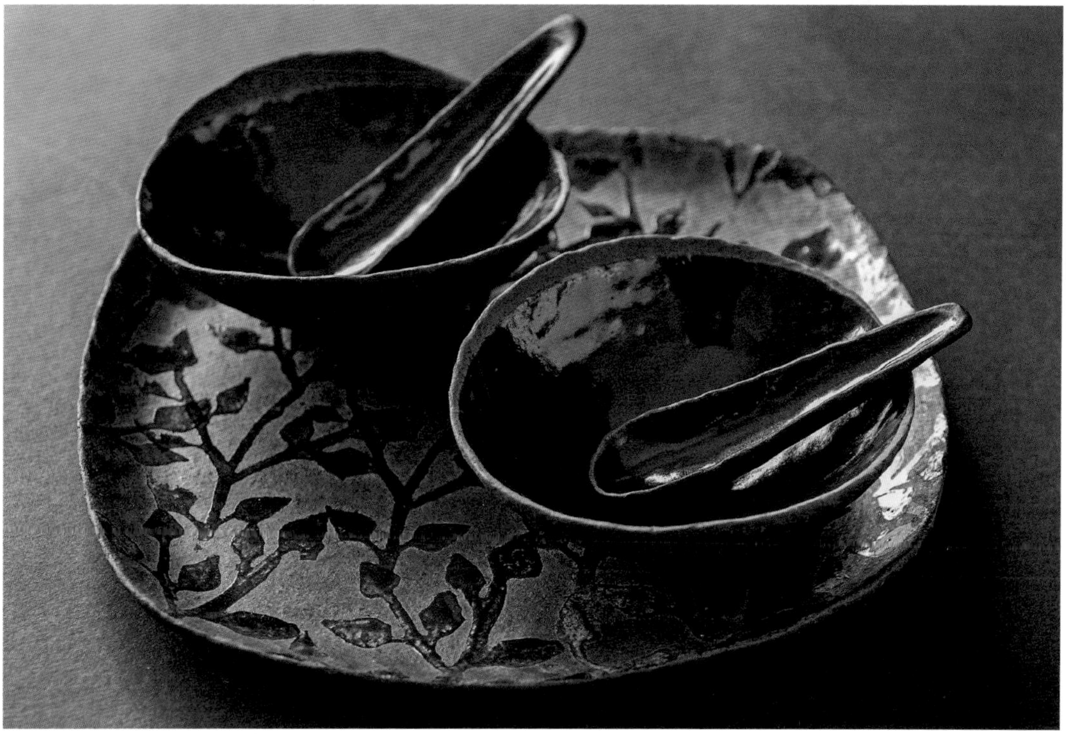

RAKU, Steinzeug ⁄ stoneware, Schale ⁄ bowl Ø 10 cm, 2006

Seite ⁄ page 32–33: RAKU, Steinzeug ⁄ stoneware, Schale groß ⁄ large bowl Ø 12 cm, 2006

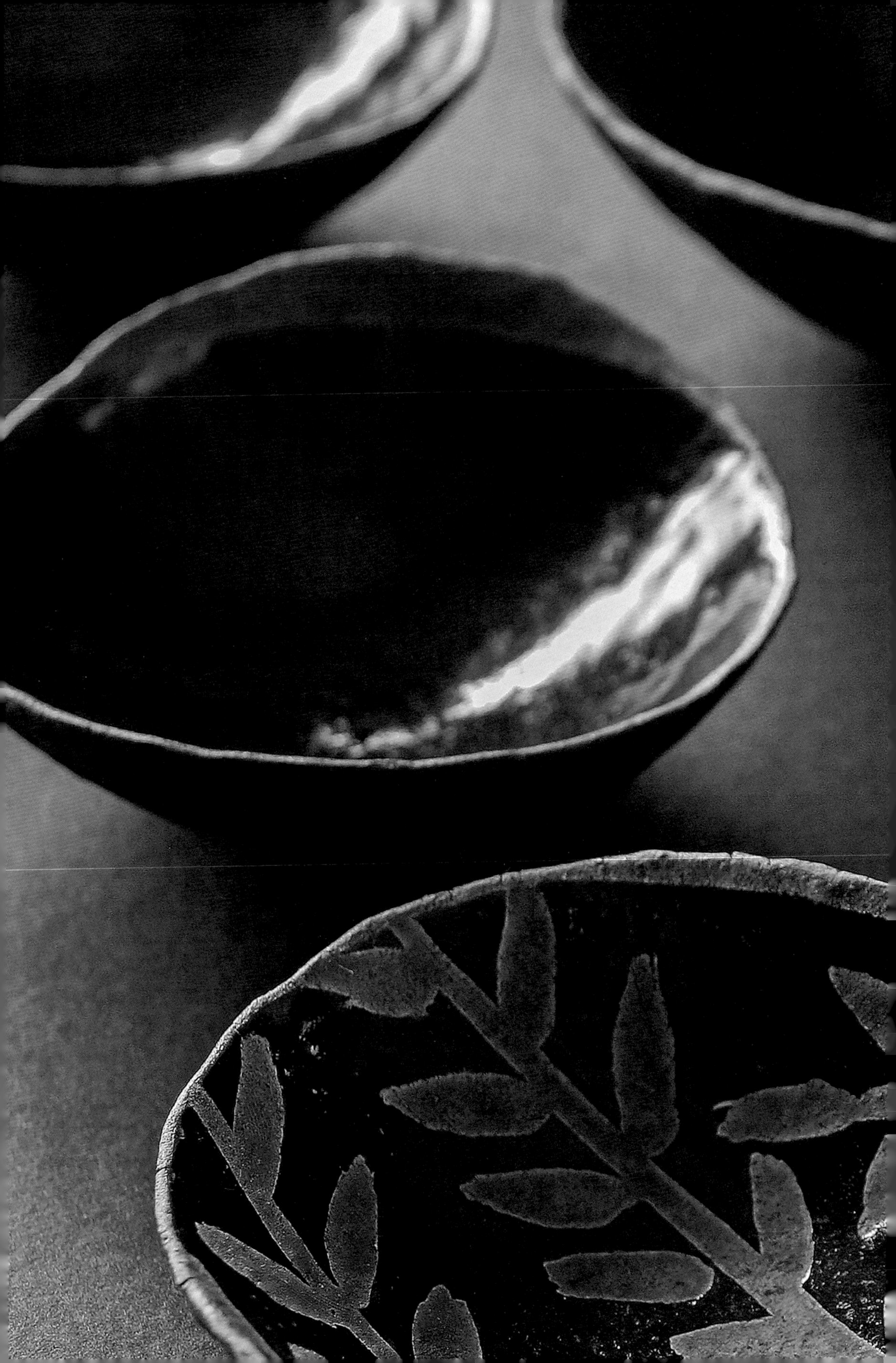

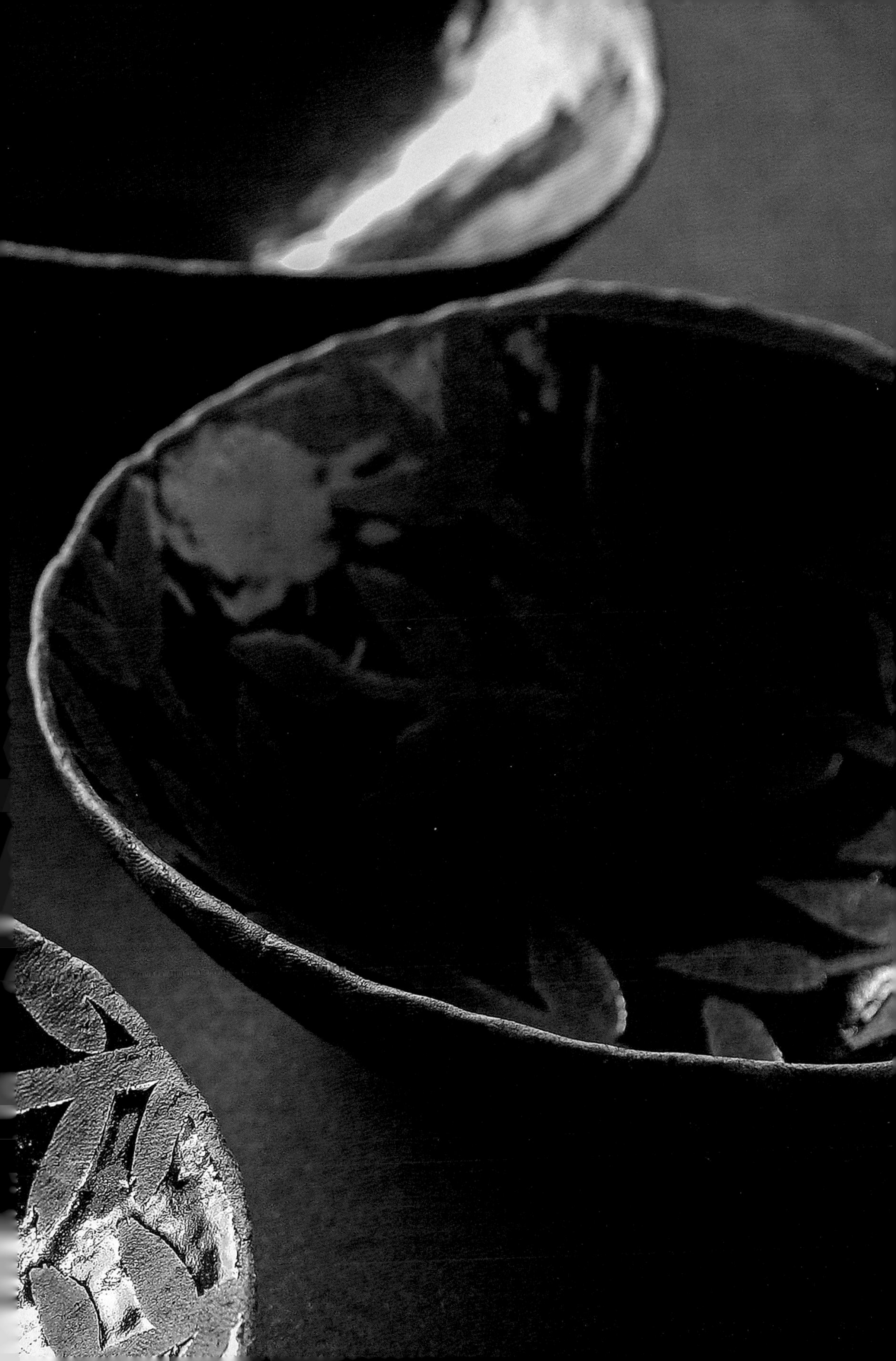

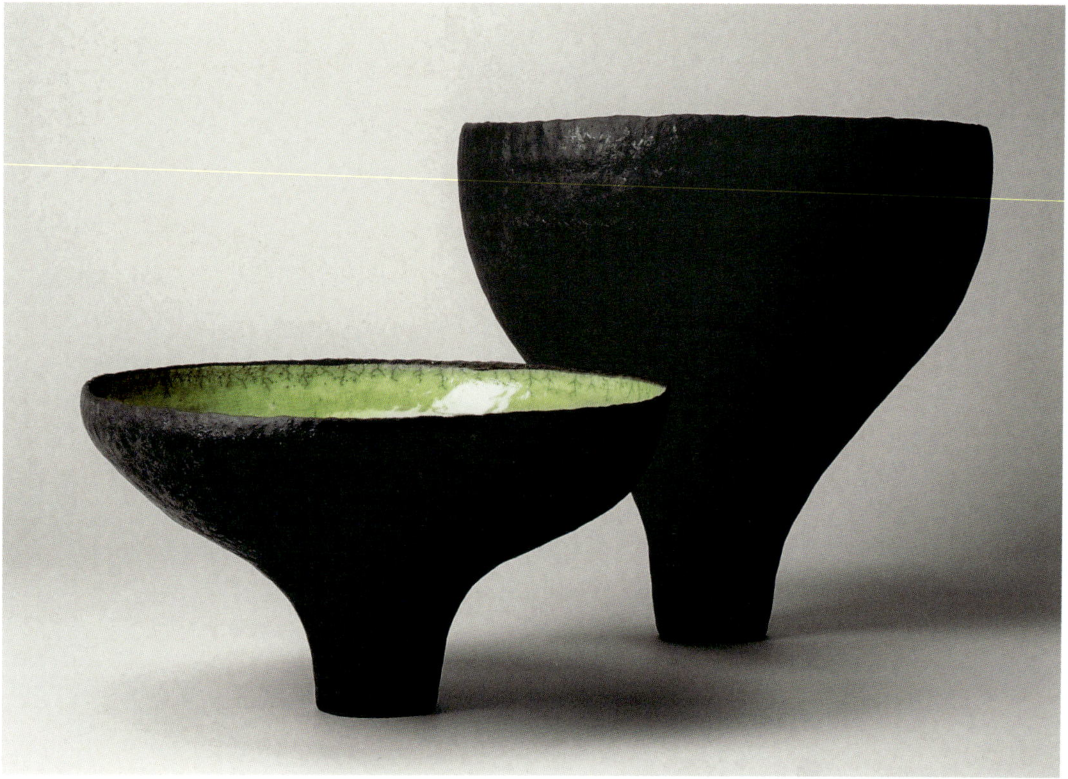

 RAKU, Steinzeug ⁄ stoneware, Vase groß ⁄ large vase H. 37,5 cm, 2005

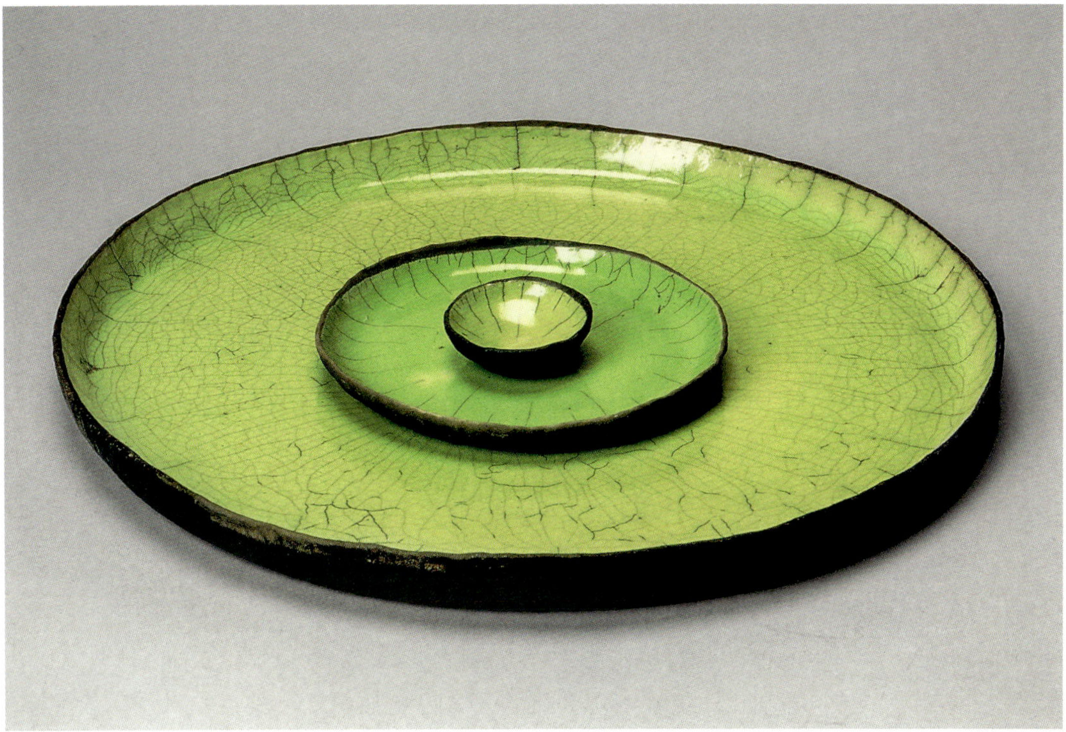

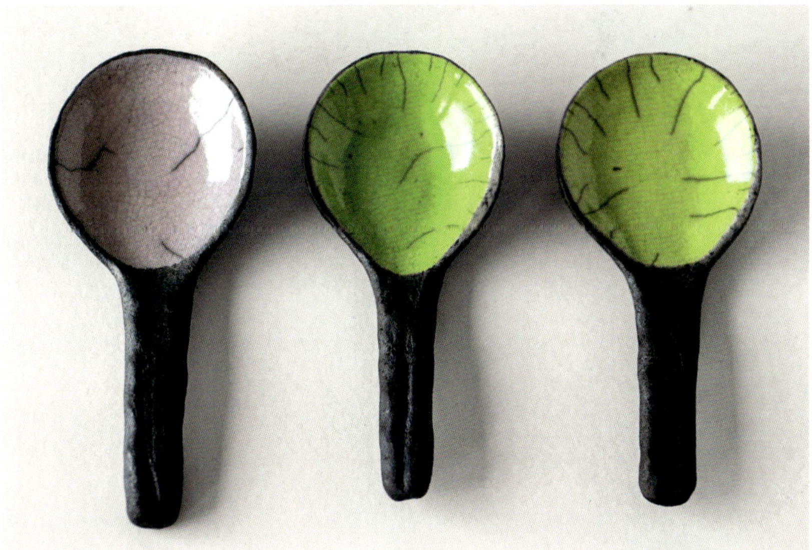

RAKU, Steinzeug ⁄ stoneware, Teller groß ⁄ large plate Ø 44 cm, 2005

RAKU, Steinzeug ⁄ stoneware, Löffel ⁄ spoon L. 10 cm, 2005

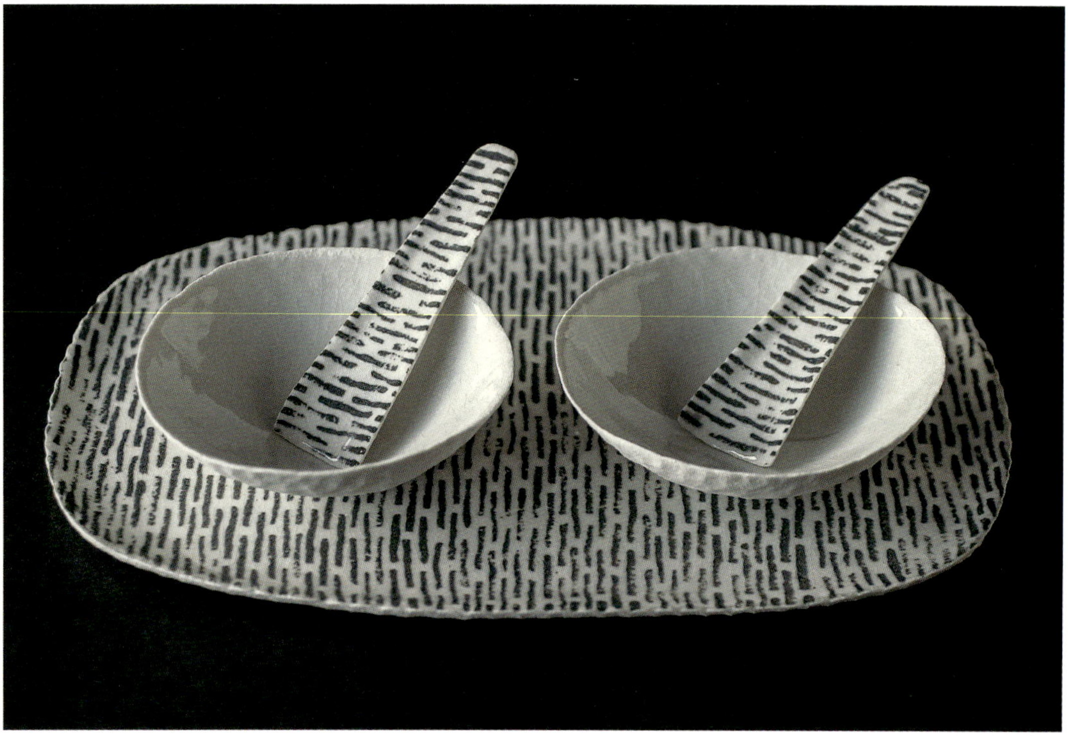

 PORZELLAN, Porzellan ⁄ porcelain, Platte ⁄ plate L. 28 cm, 2005

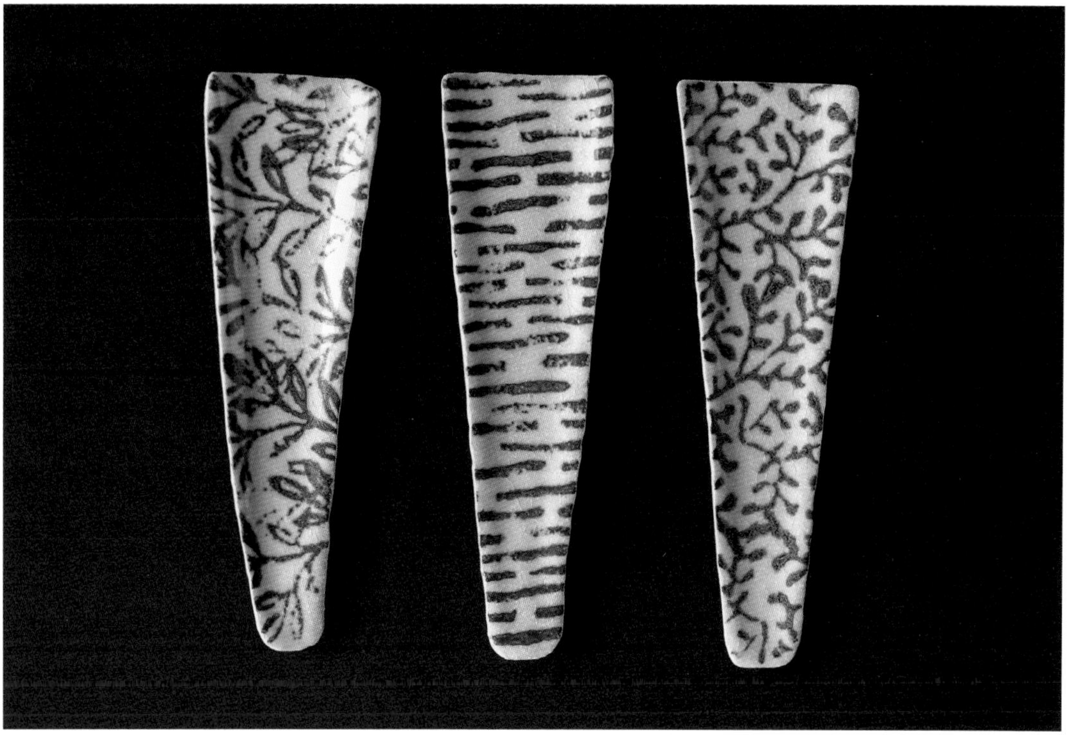

PORZELLAN, Porzellan ⁄ porcelain, Löffel ⁄ spoon L. 12 cm, 2005

Seite ⁄ page 38–39: PORZELLAN, Porzellan ⁄ porcelain, Platte ⁄ plate L. 28 cm, 2005

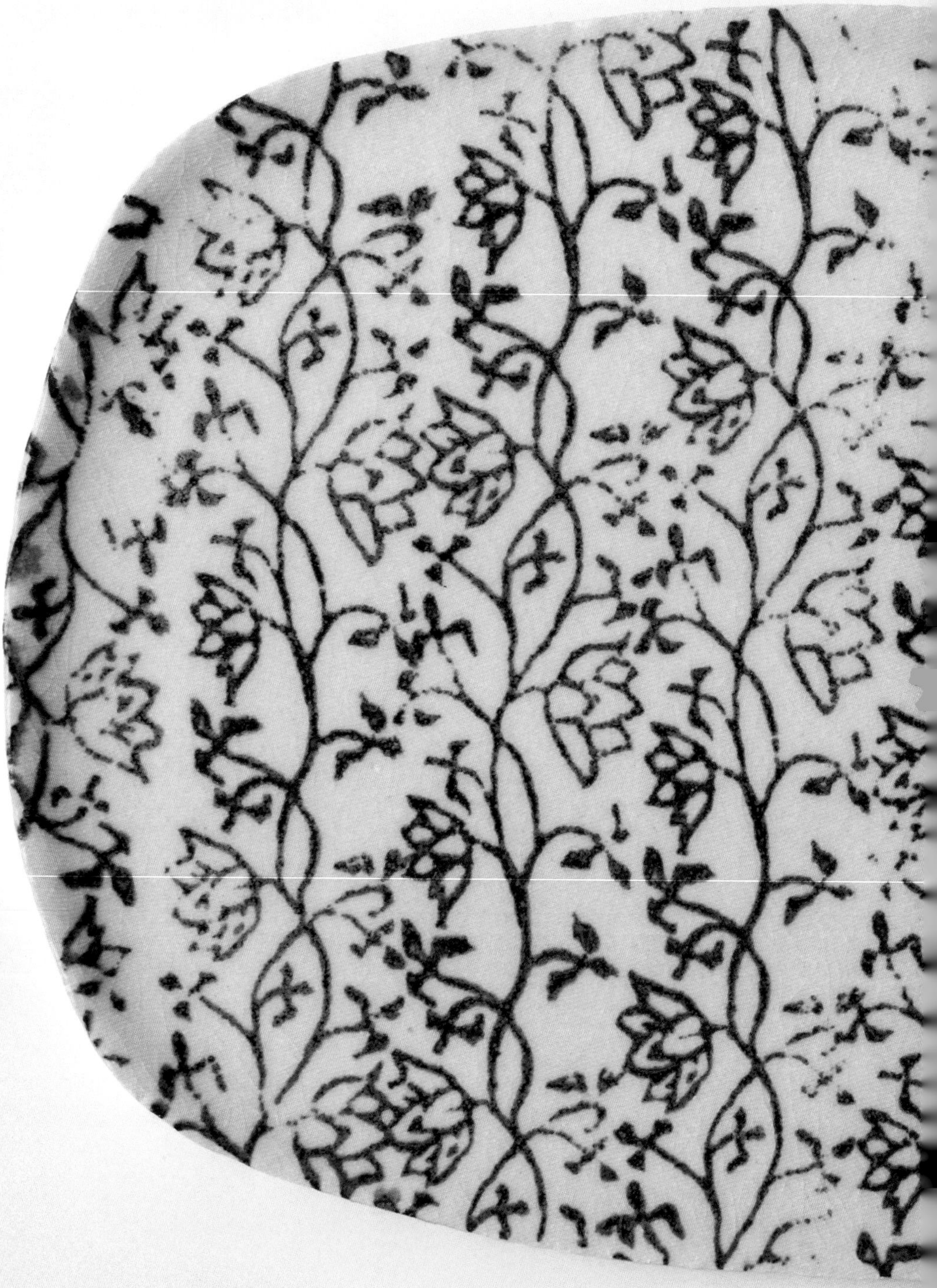

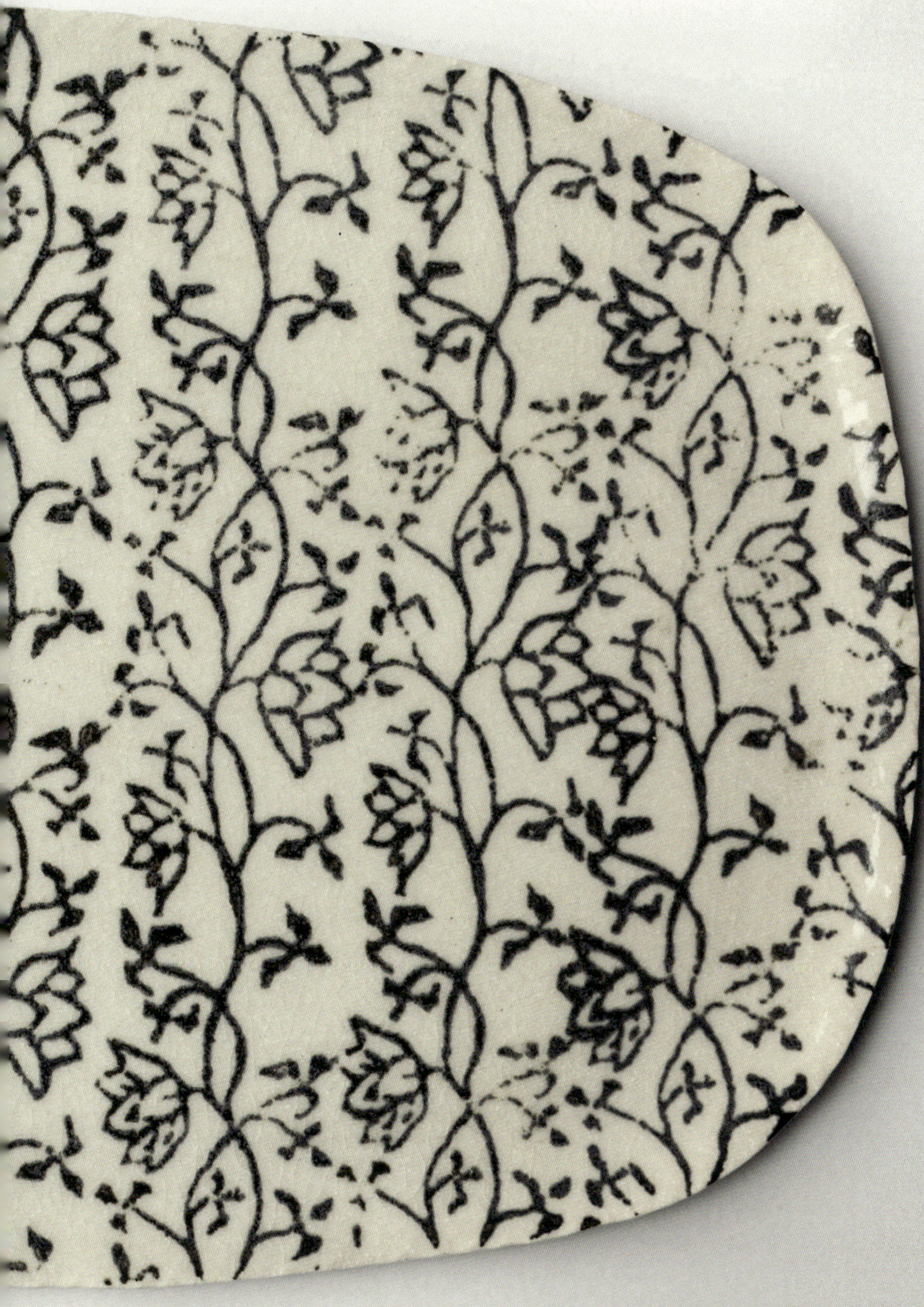

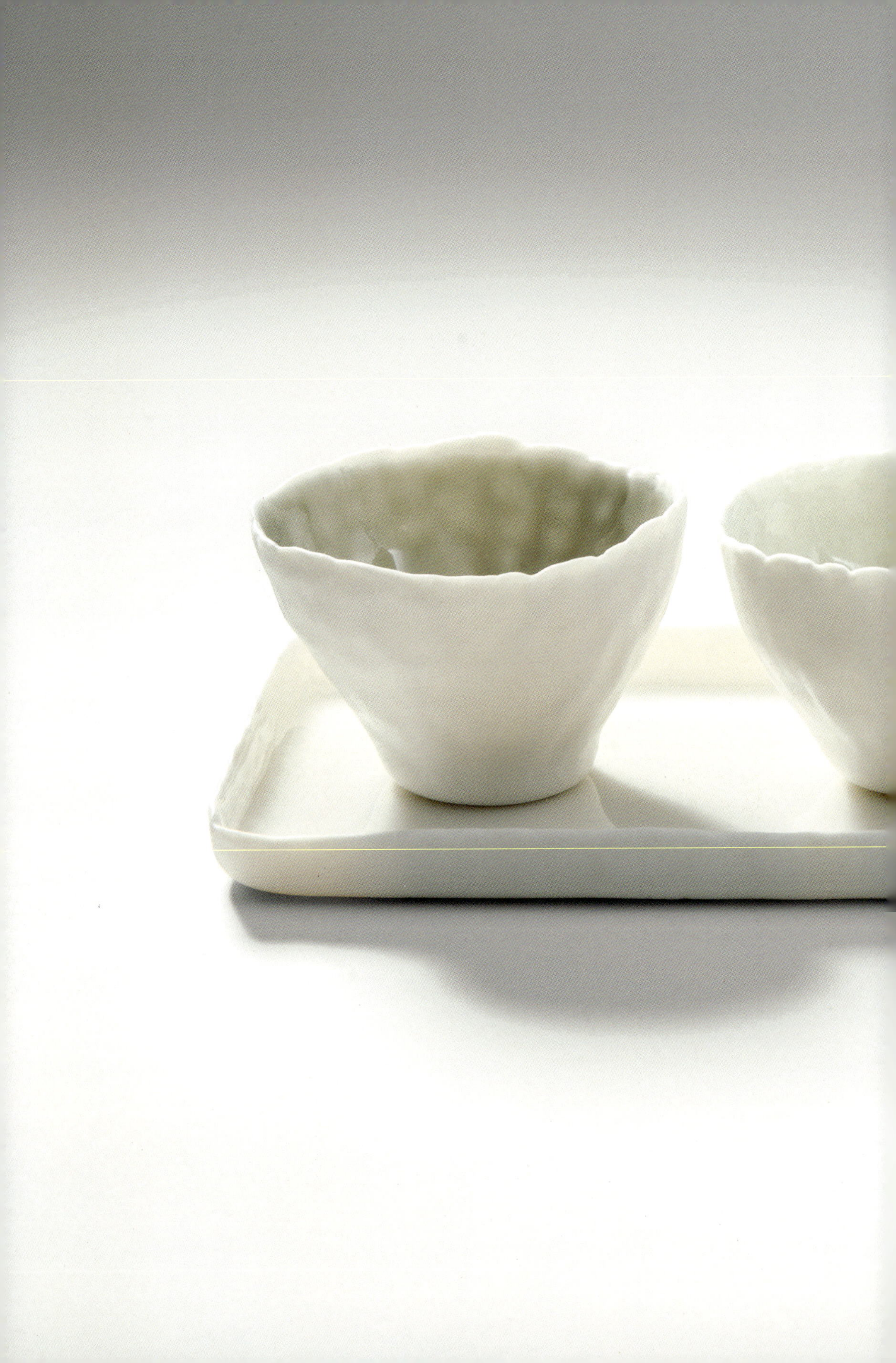

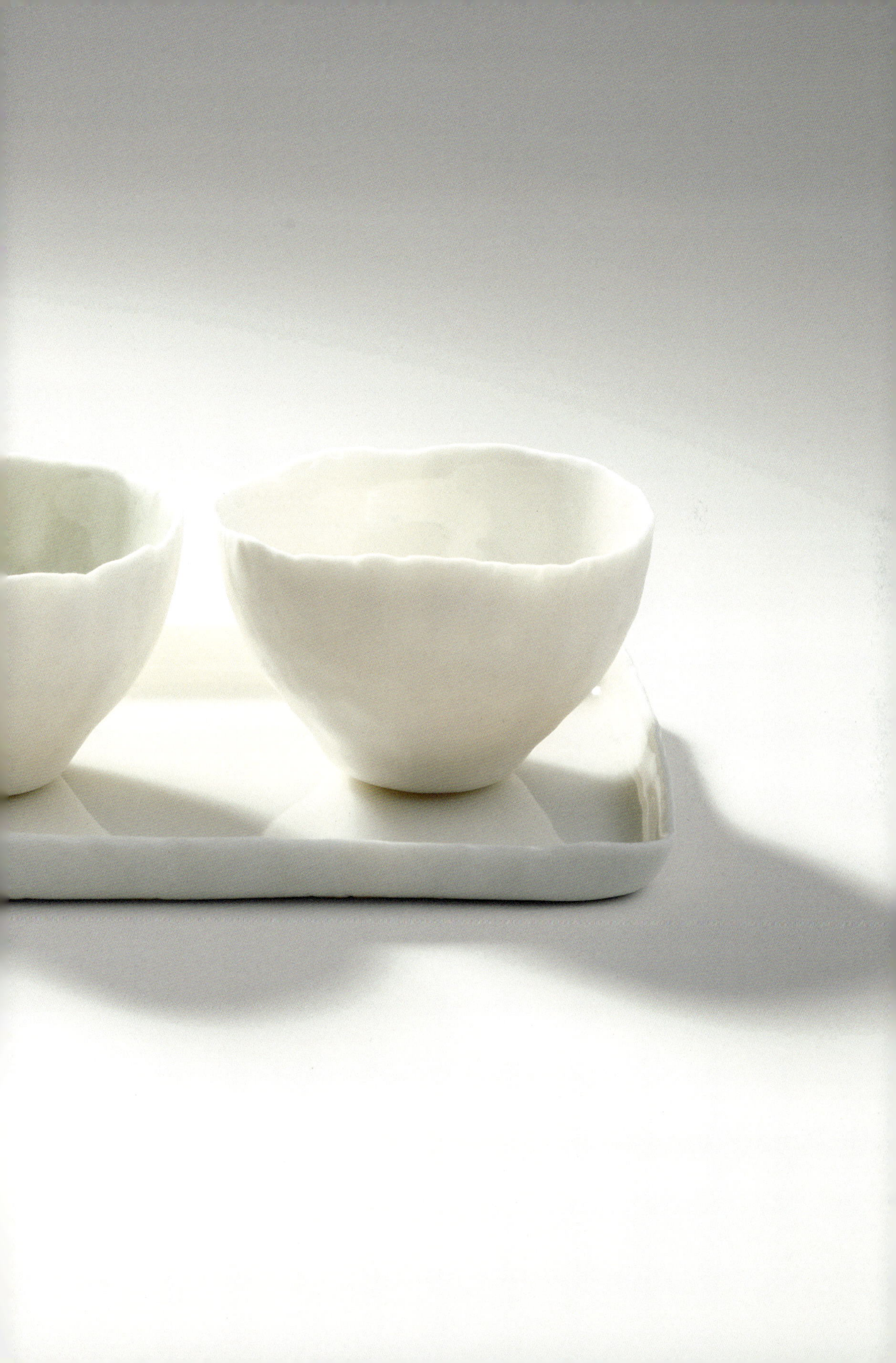

Seite ⁄ page 40–41: LIGHT, Porzellan ⁄ porcelain, Sakebecher ⁄ sake cup Ø 7 cm, 2010
PORZELLAN, Porzellan ⁄ porcelain, Dose groß ⁄ large box H. 30 cm, 2006

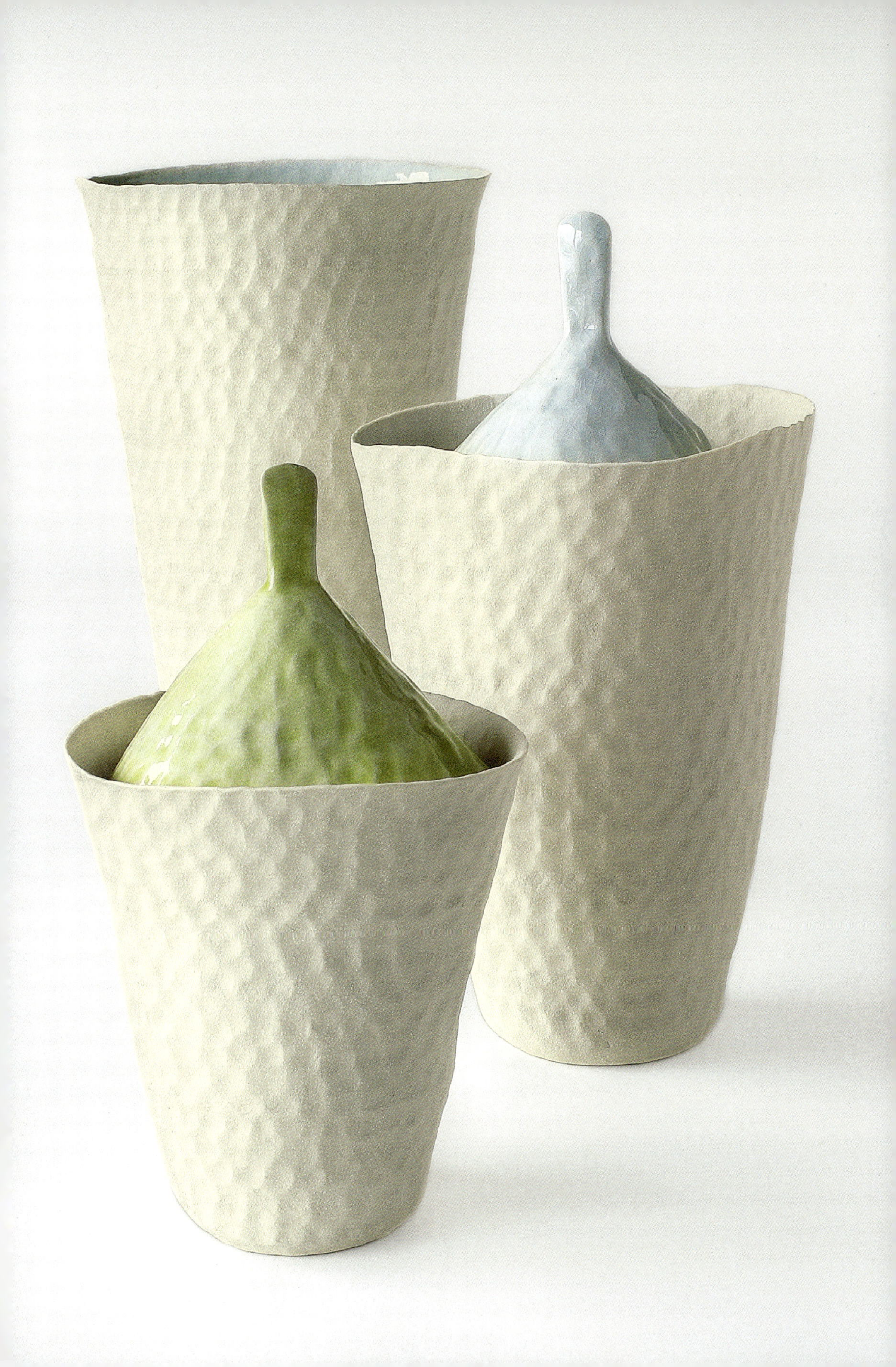

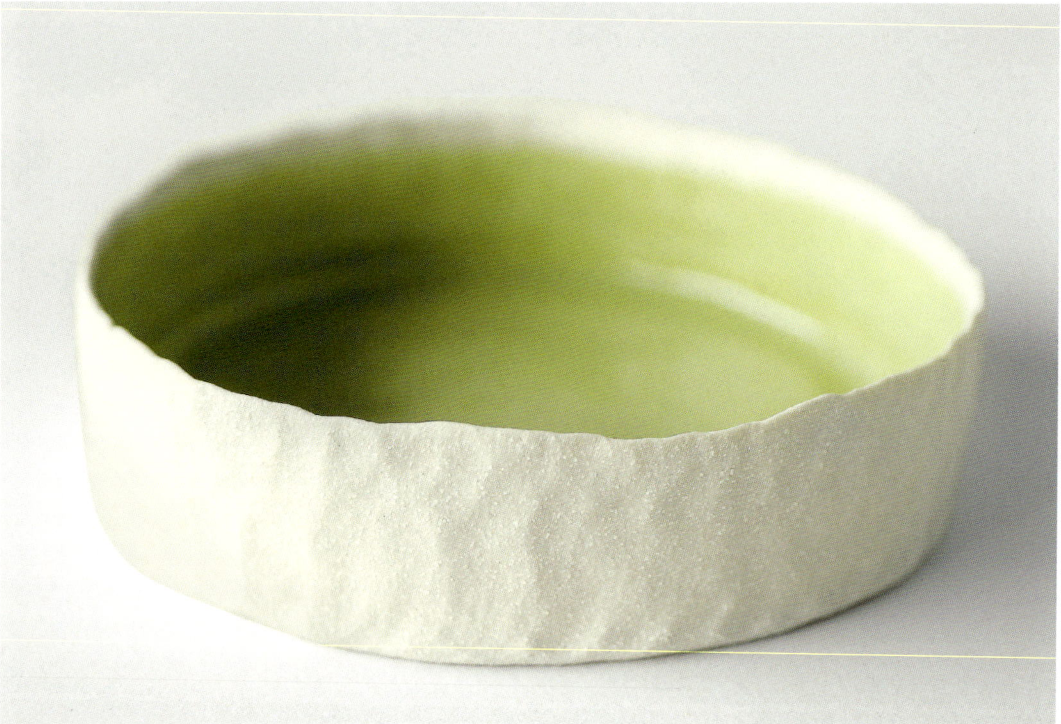

 PORZELLAN, Porzellan / porcelain, Schale / bowl Ø 19 cm, 2006

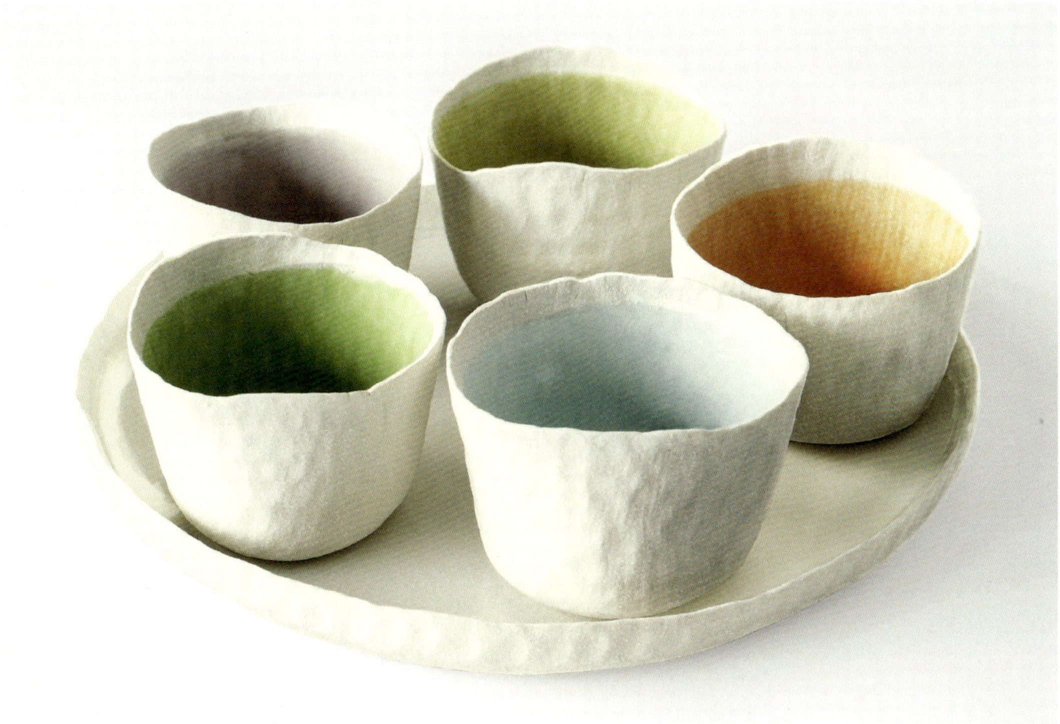

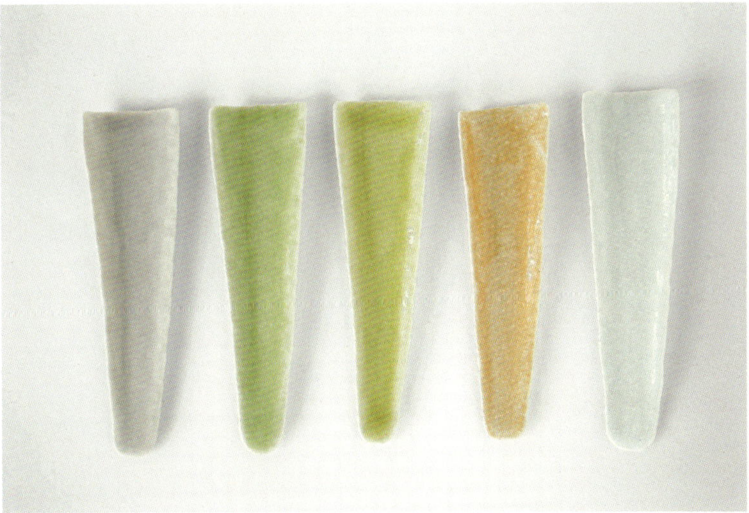

PORZELLAN, Porzellan ∕ porcelain, Becher ∕ cup Ø 8,5 cm, 2006

PORZELLAN, Porzellan ∕ porcelain, Löffel ∕ spoon L. 12 cm, 2006

Seite ∕ page 46–47: PORZELLAN, Porzellan ∕ porcelain, Teller groß ∕ large plate Ø 25 cm, 2006

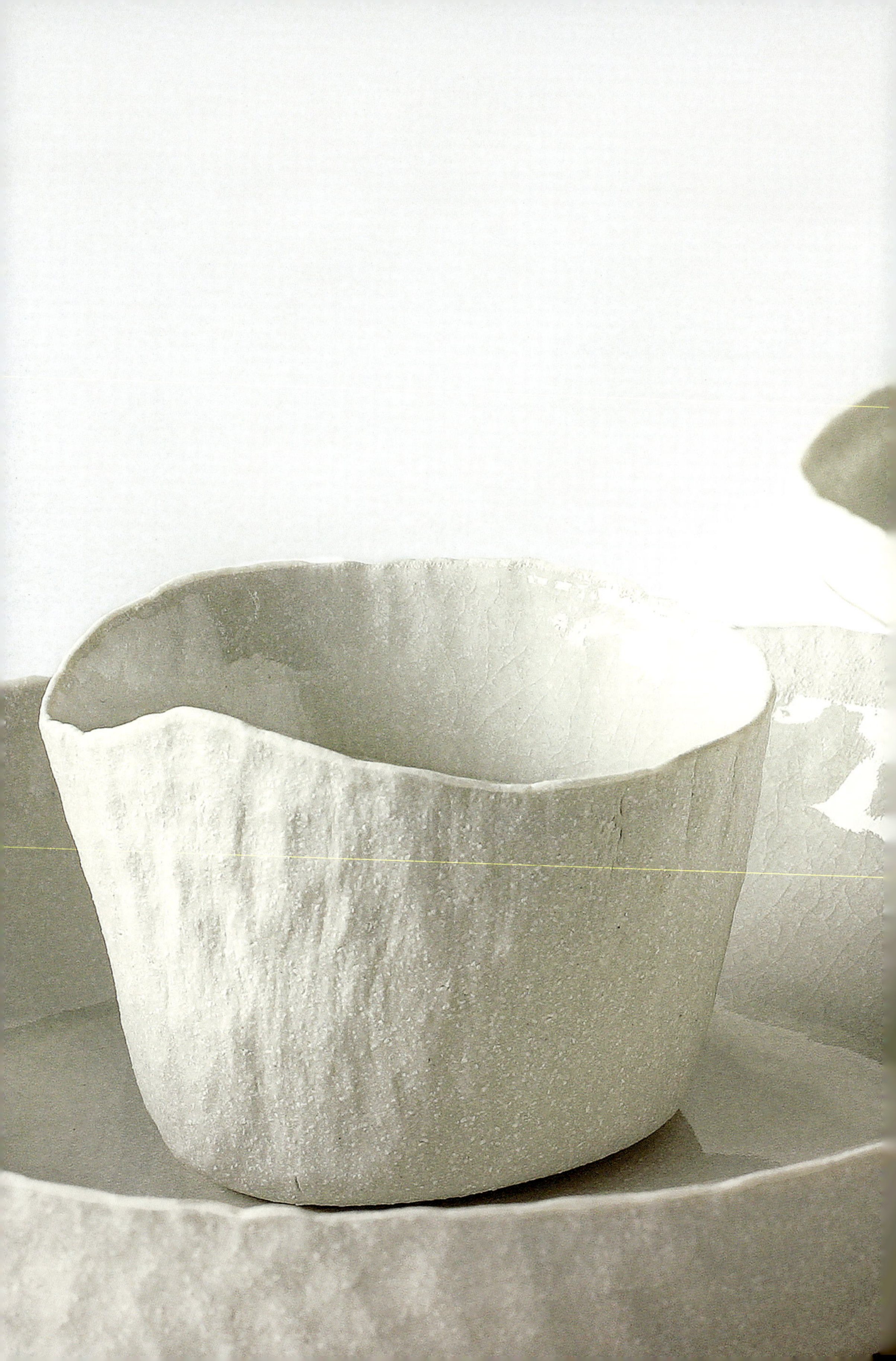

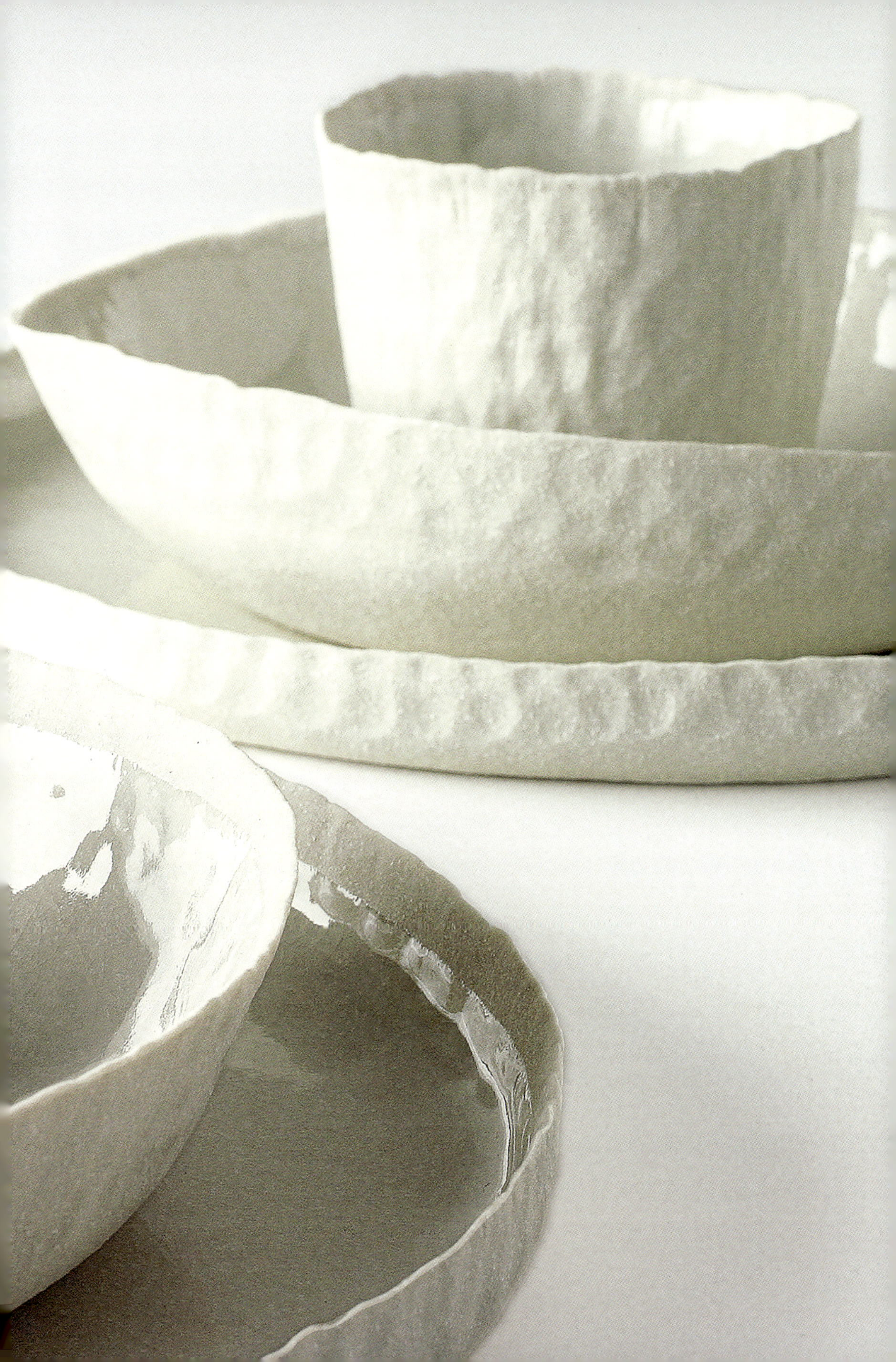

48 SEPIA, Steinzeug ⁄ stoneware, Strukturvase ⁄ textured vase H. 31 cm, 2006

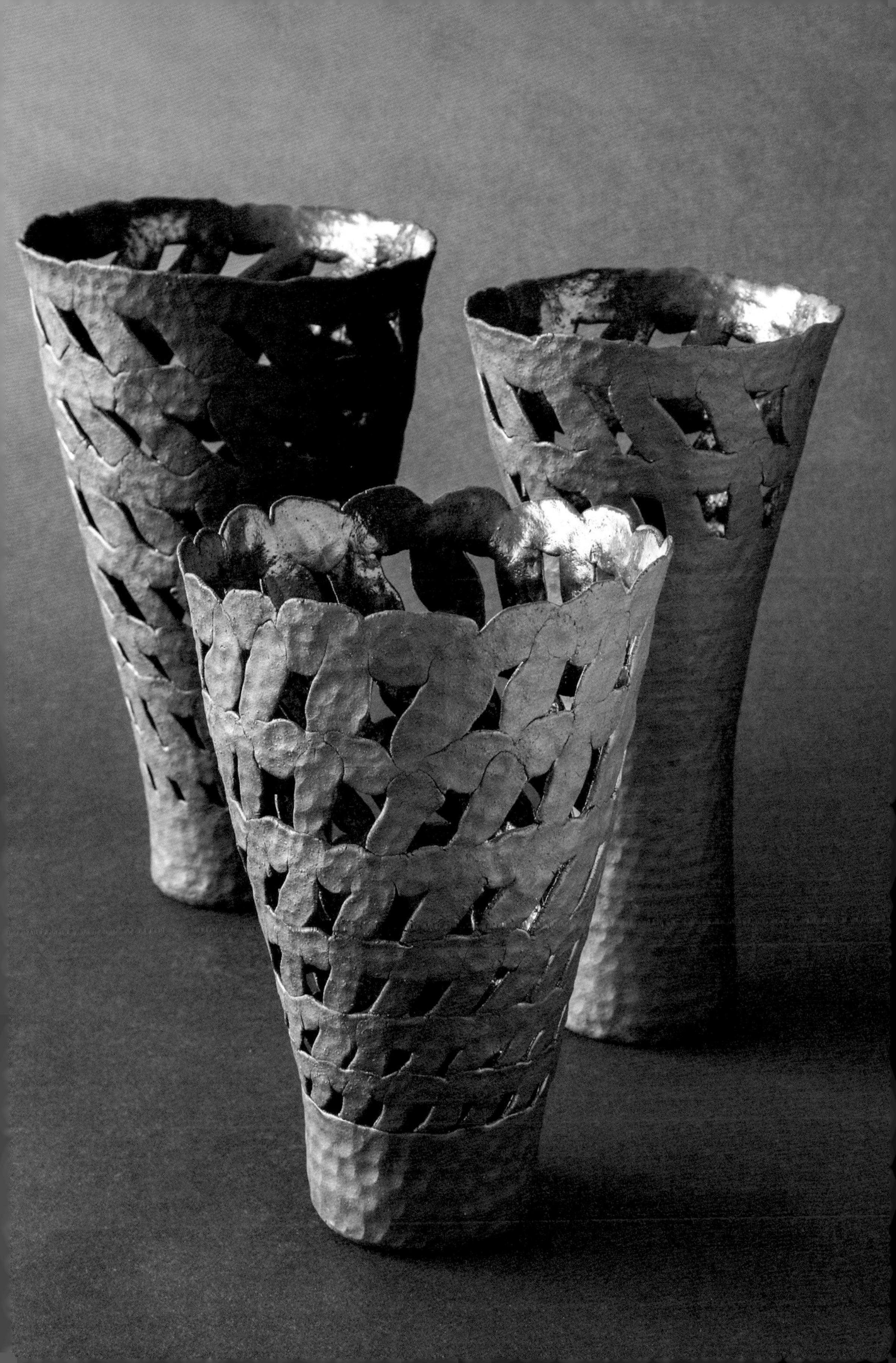

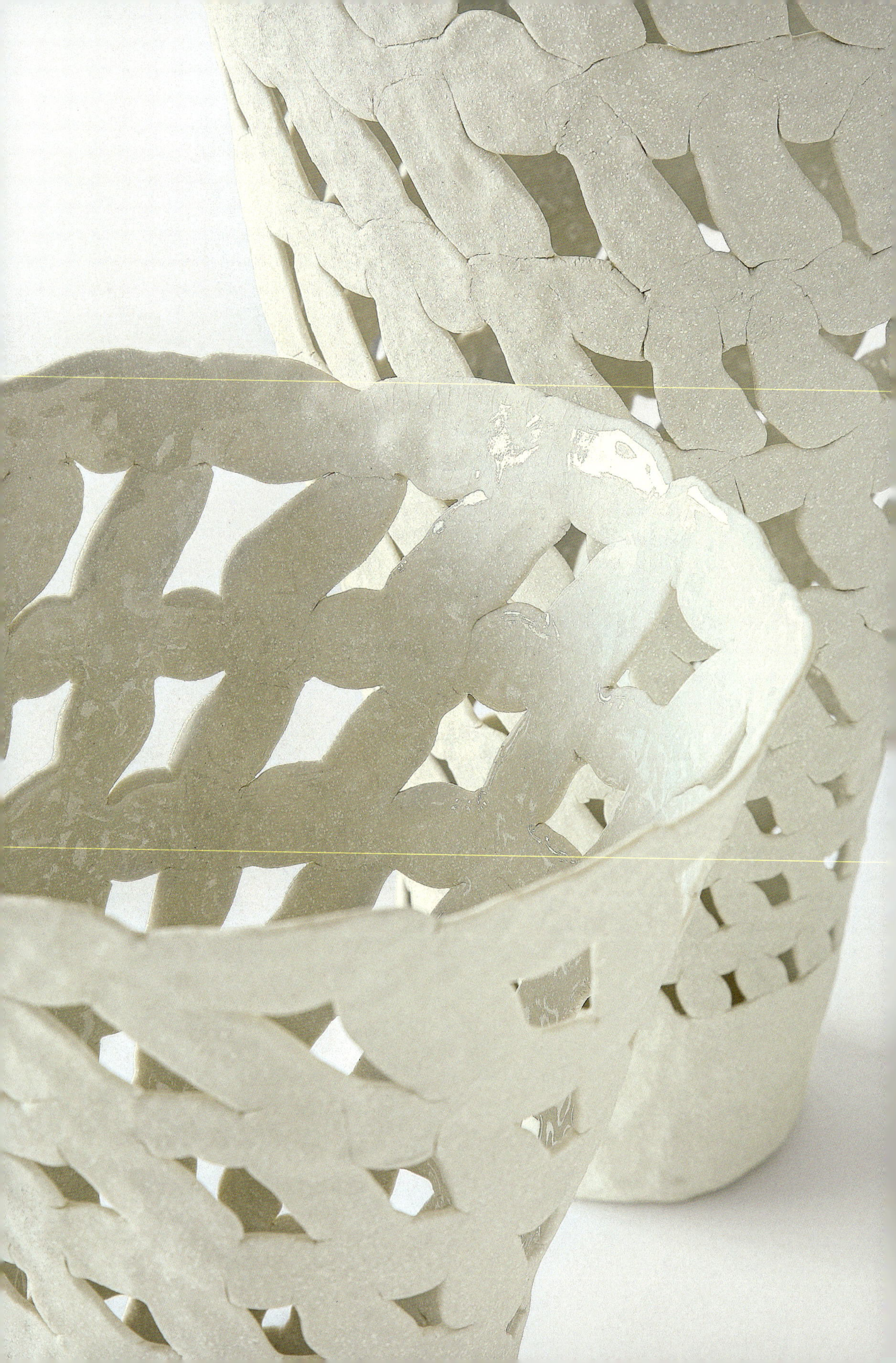

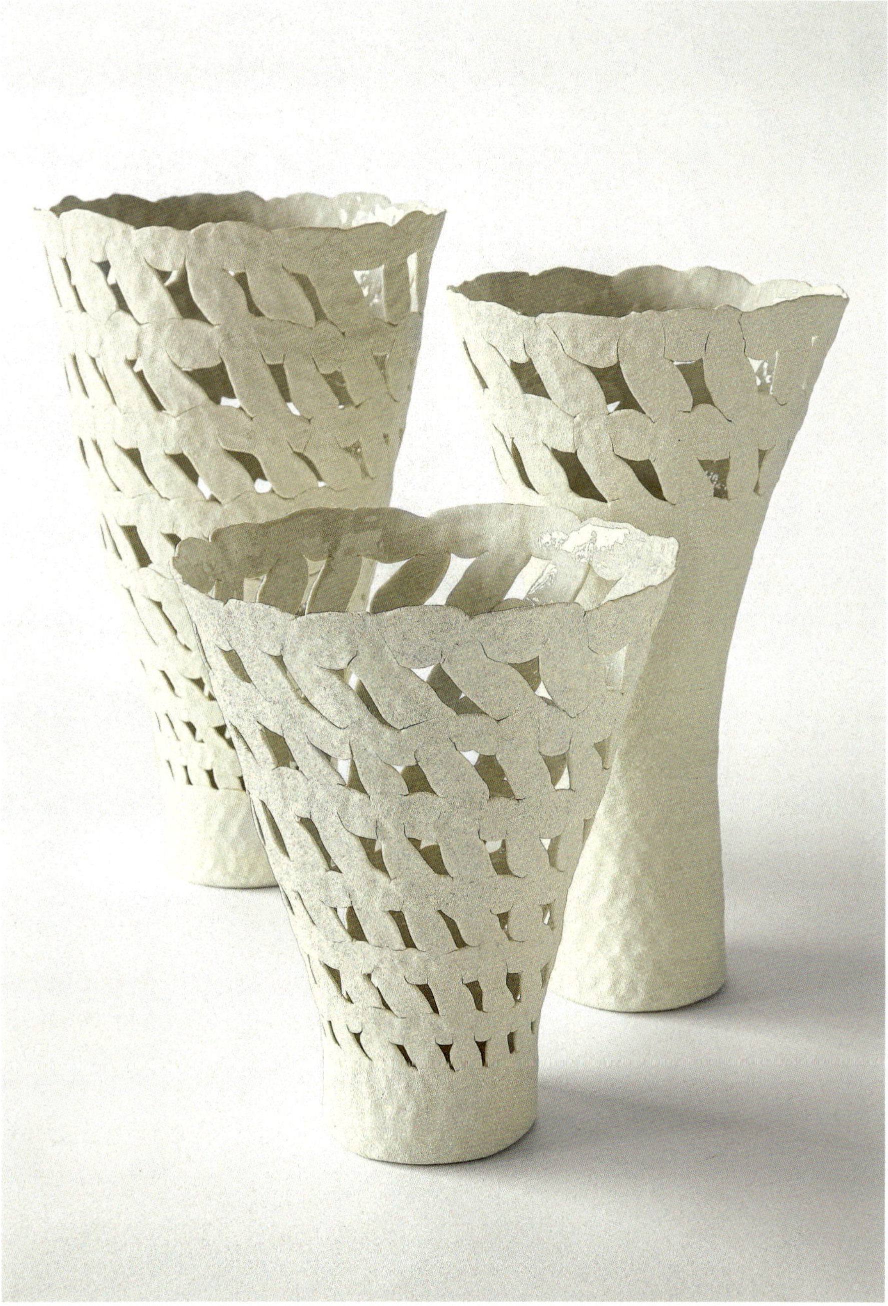

PORZELLAN, Porzellan / porcelain, Strukturvase / textured vase H. 31 cm, 2006

52 GOLD, Porzellan ⁄ porcelain, Teller ⁄ plate Ø 26 cm, 2009

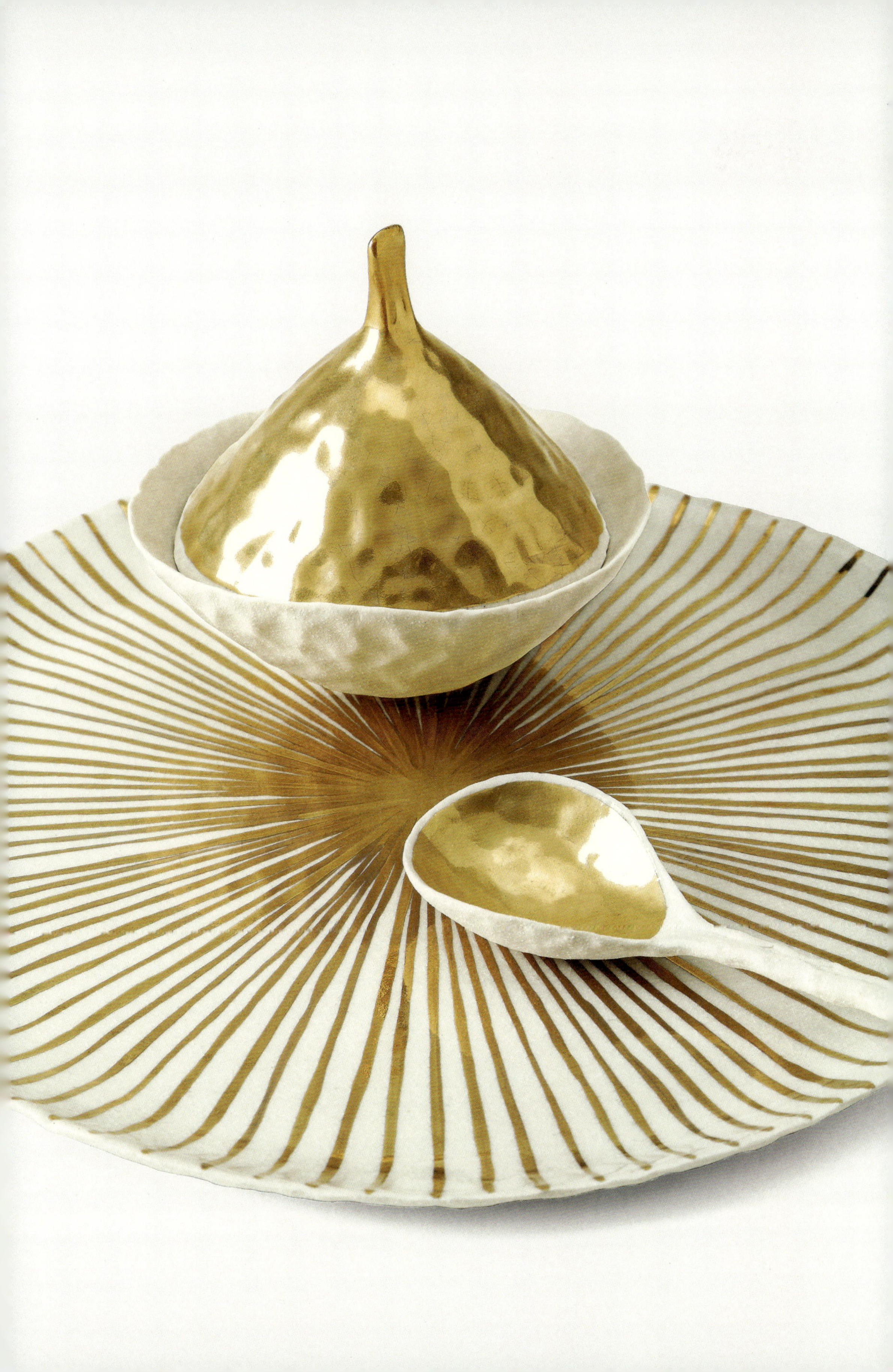

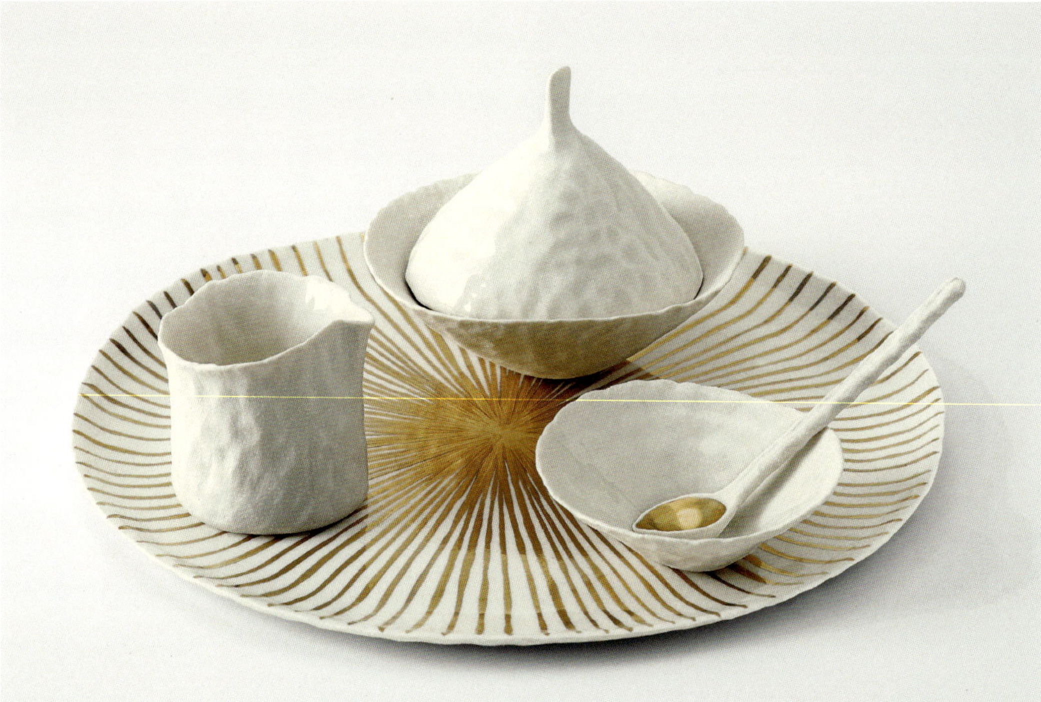

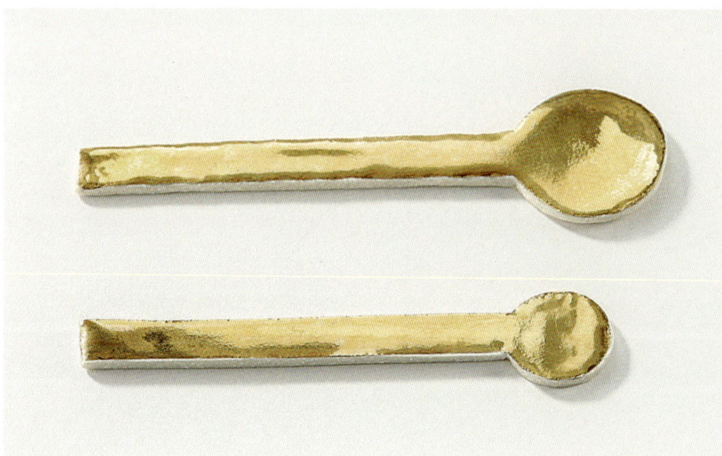

 GOLD, Porzellan ⁄ porcelain, Teller ⁄ plate Ø 26 cm, 2009

GOLD, Porzellan ⁄ porcelain, Löffel groß ⁄ large spoon L. 12 cm, 2009

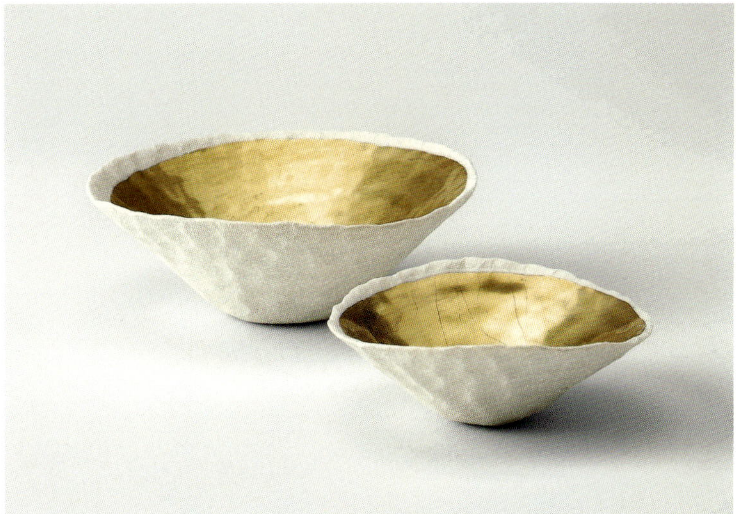

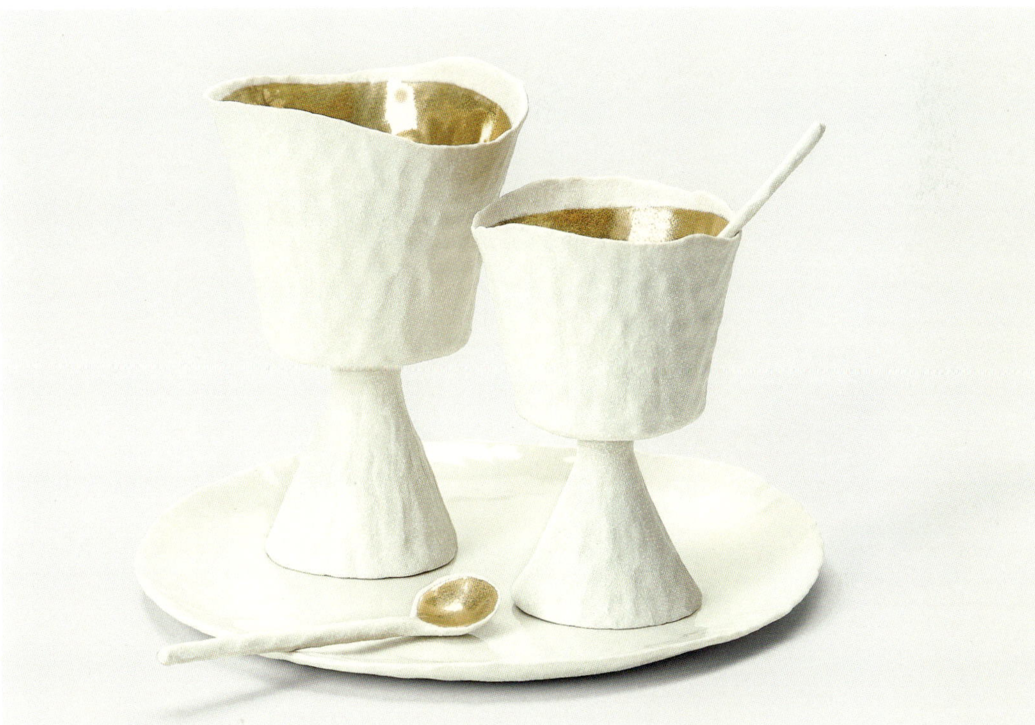

GOLD, Porzellan / porcelain, Schälchen groß / large bowl Ø 11 cm, 2009

GOLD, Porzellan / porcelain, Kelch groß / large chalice H. 14,5 cm, 2008

Seite / page 56–57: GOLD, Porzellan / porcelain, Teller groß / large plate Ø 26 cm, 2009

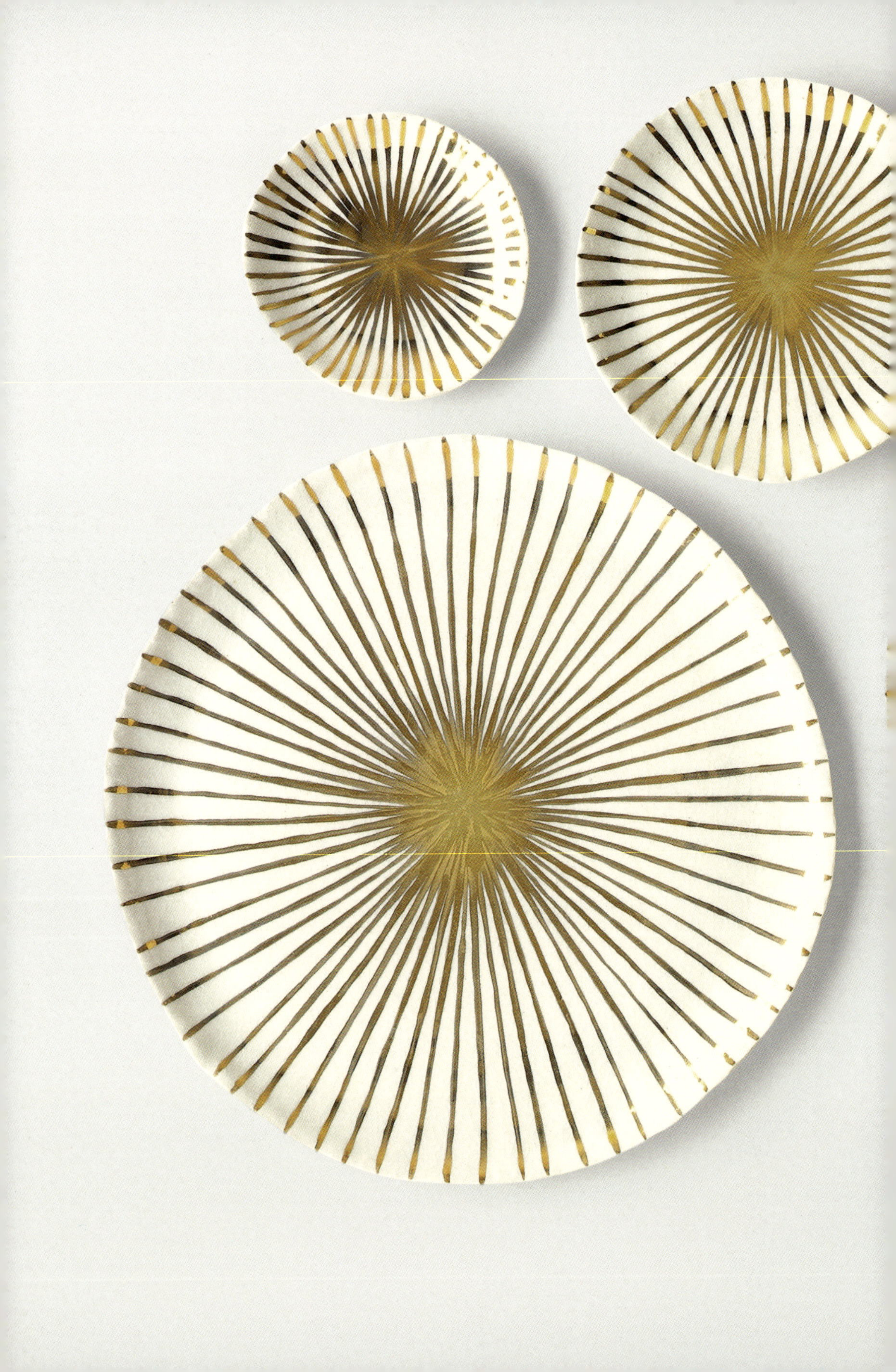

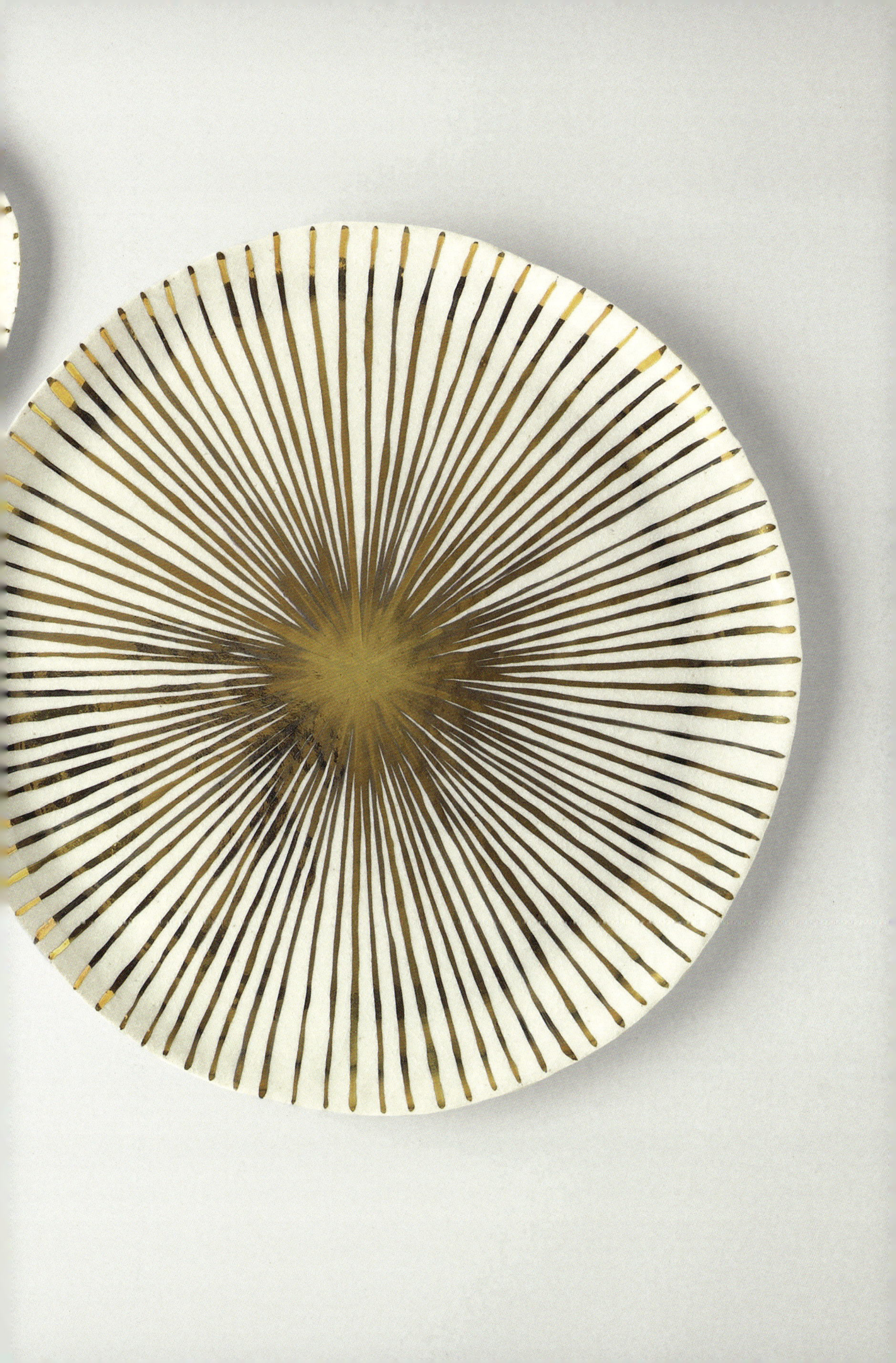

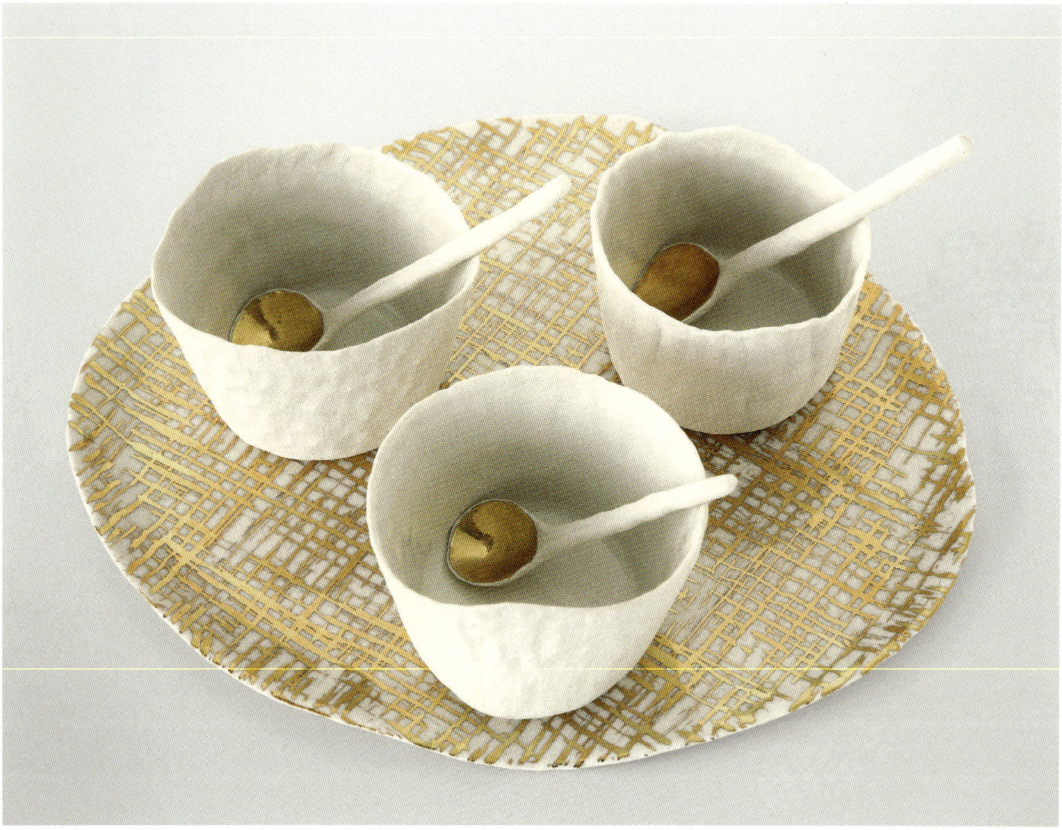

 GOLD, Porzellan / porcelain, Platte / plate Ø 25 cm, 2007

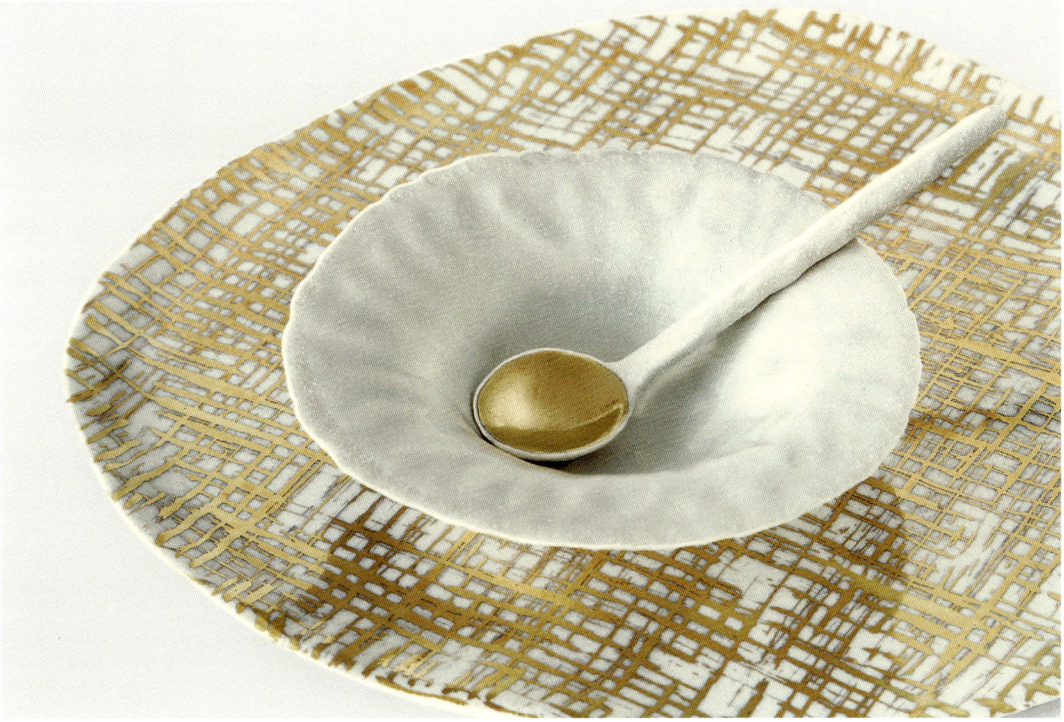

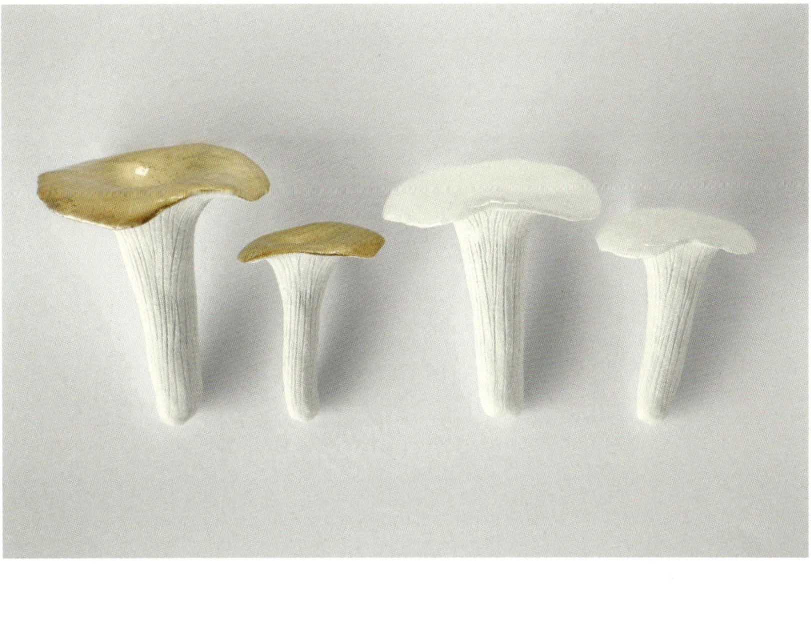

GOLD, Porzellan ⁄ porcelain, Platte ⁄ plate Ø 25 cm, 2007

GOLD, Porzellan ⁄ porcelain, Pfifferling groß ⁄ large chanterelle L. 6,5 cm, 2007

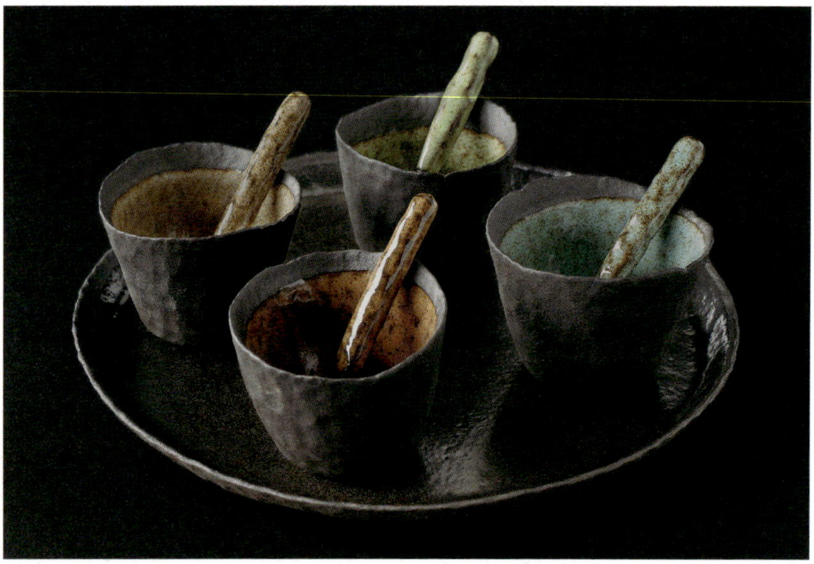

60 SEPIA, Steinzeug / stoneware, Platte / plate Ø 26,5 cm, 2006
SEPIA, Steinzeug / stoneware, Dose / box H. 25 cm, 2006
Seite / page 62-63: SEPIA, Steinzeug / stoneware, Dose / box H. 25 cm, 2006

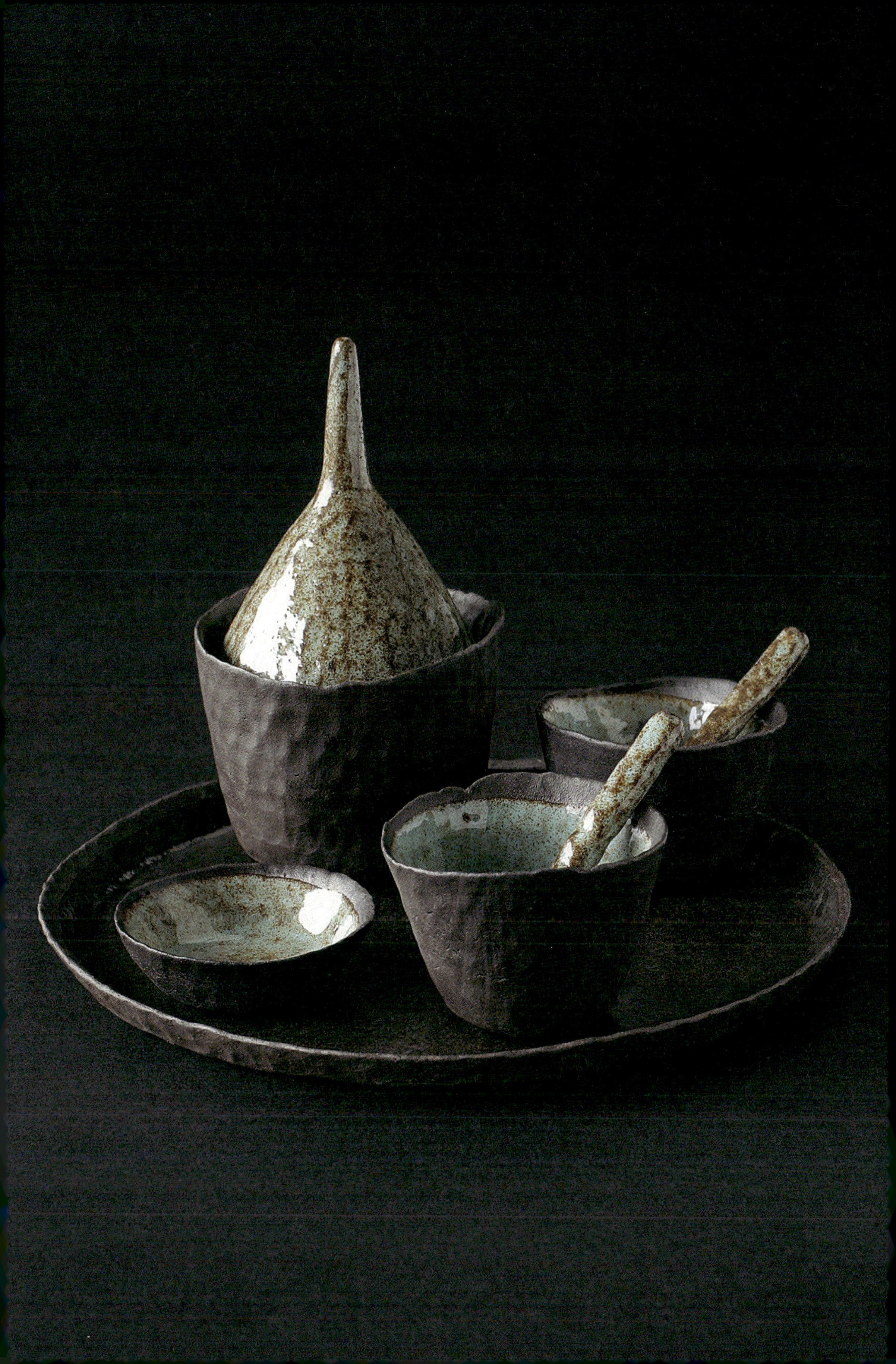

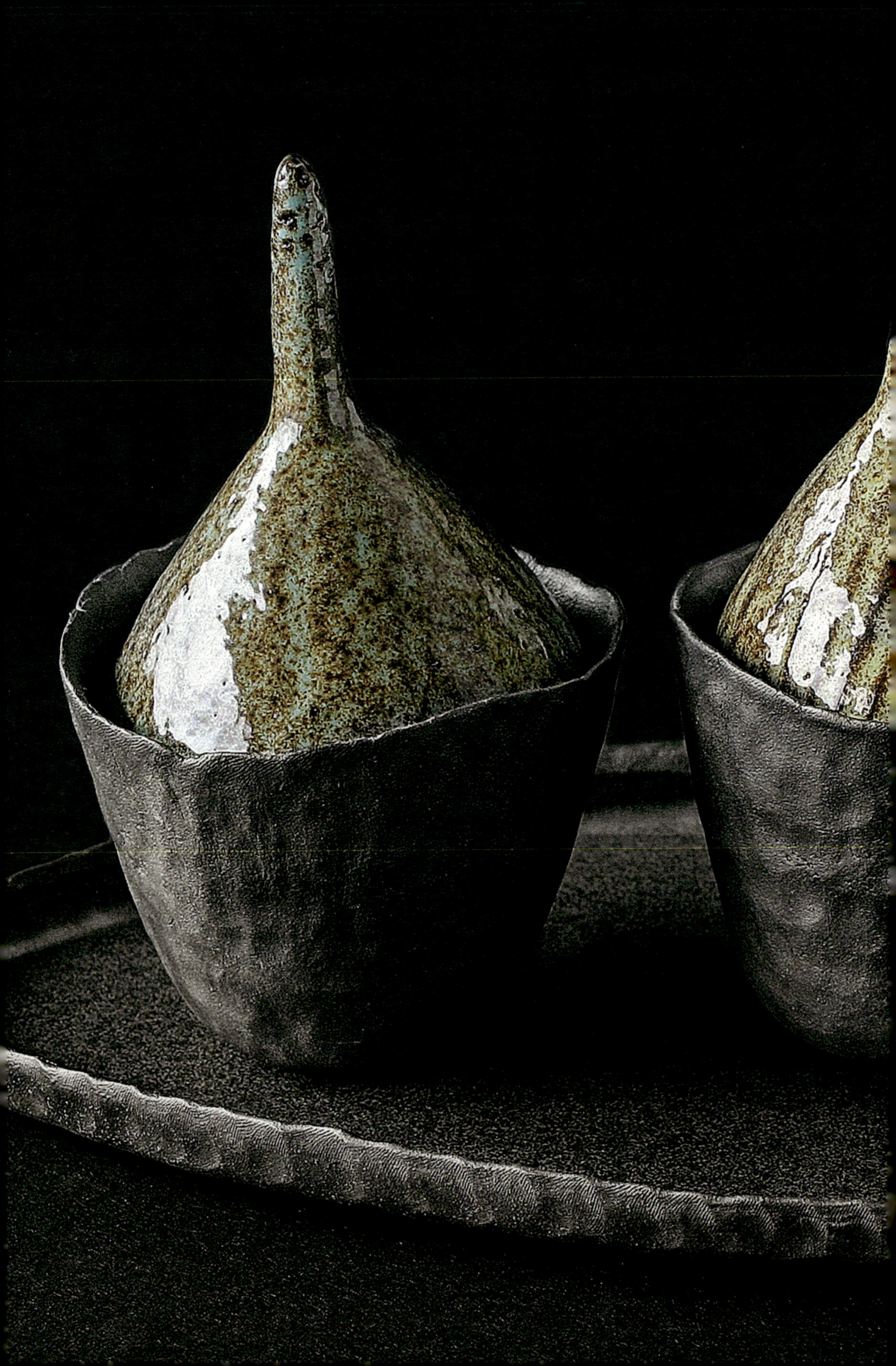

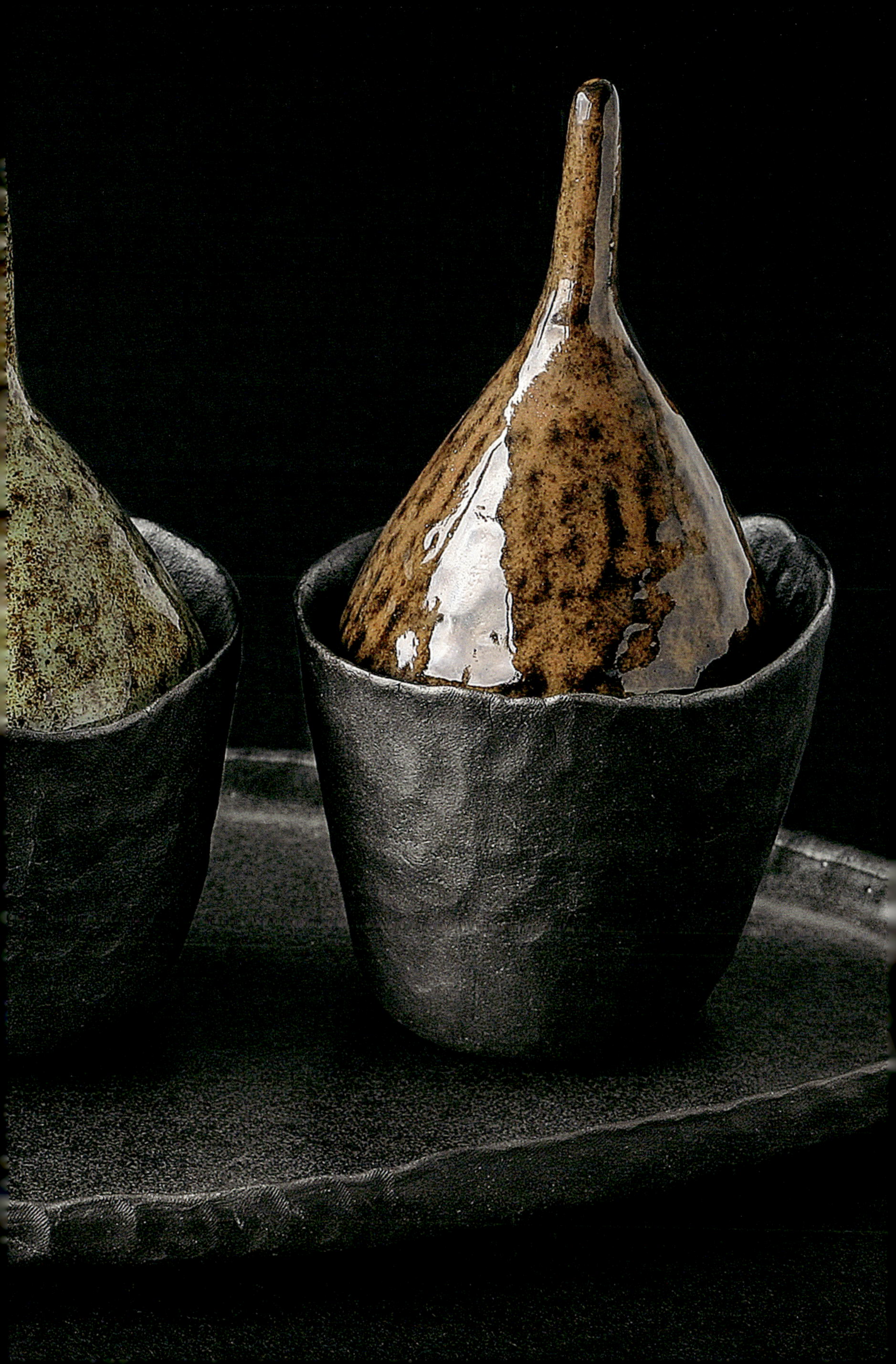

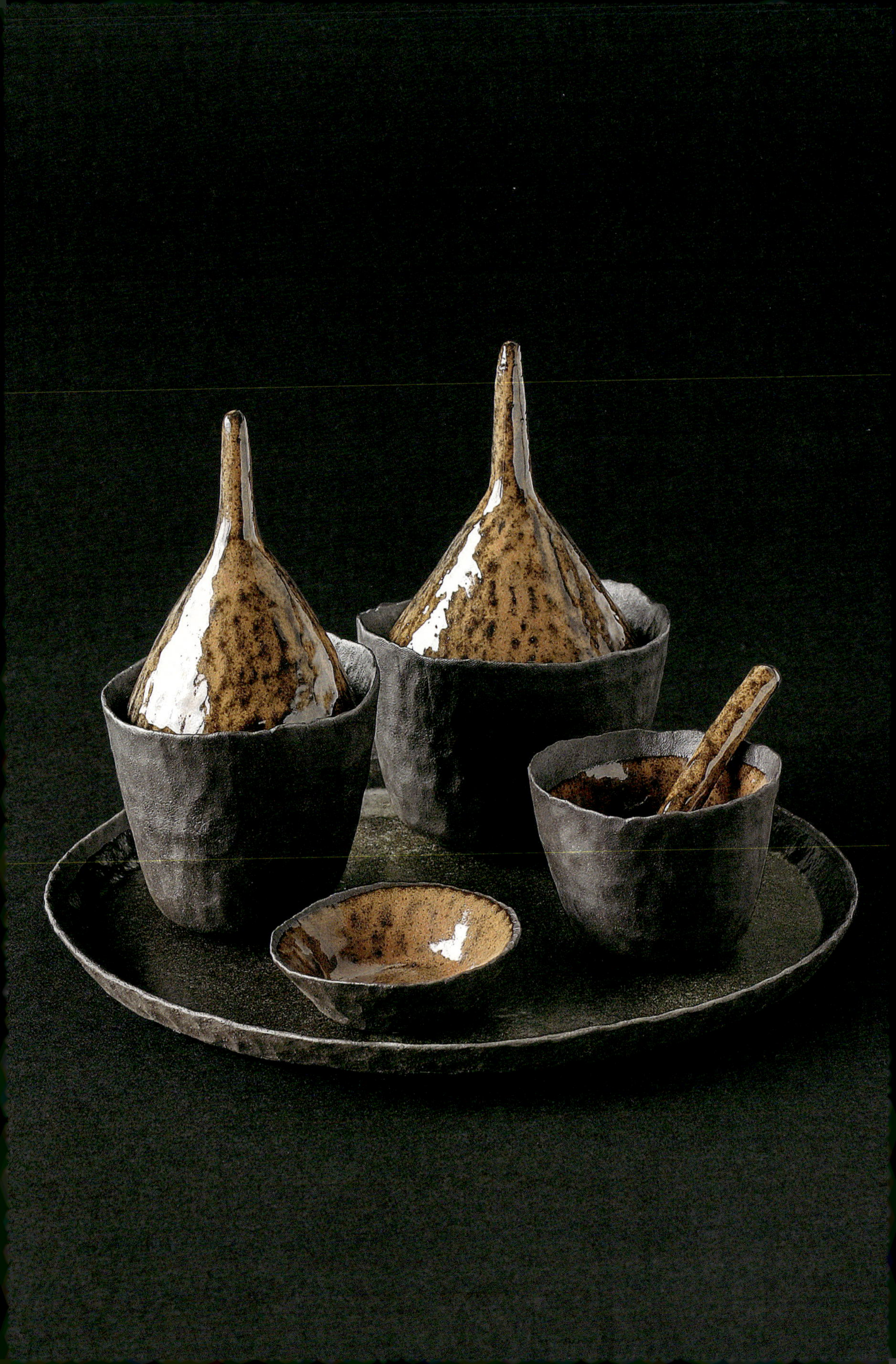

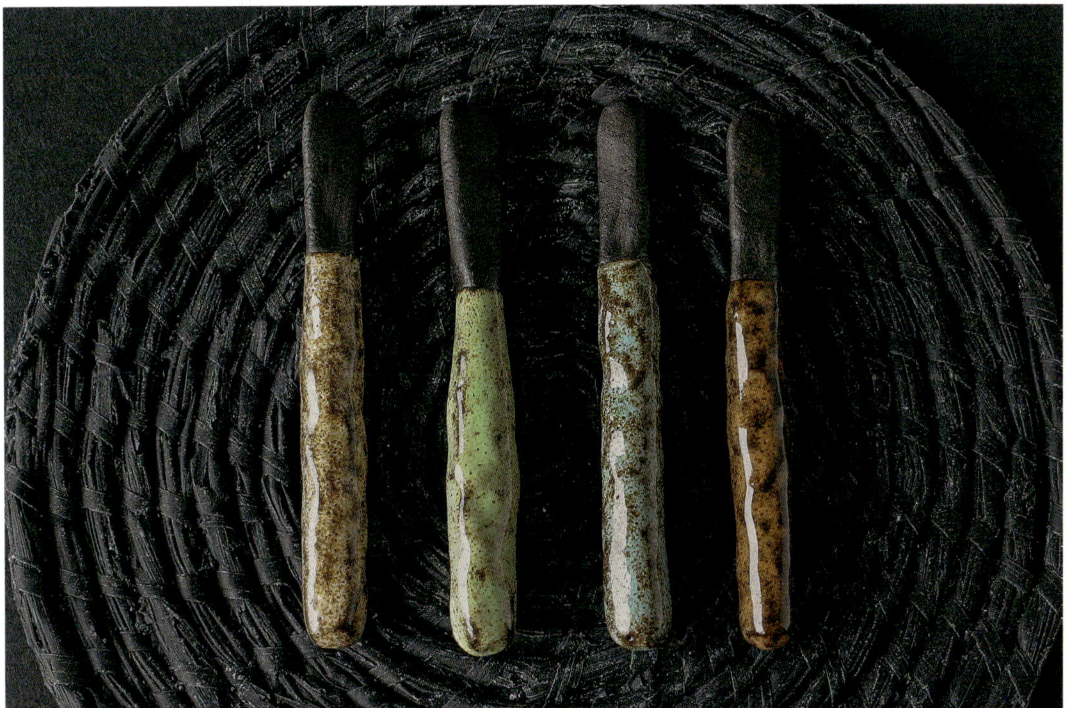

SEPIA, Steinzeug ⁄ stoneware, Platte ⁄ plate Ø 26,5 cm, 2006
SEPIA, Steinzeug ⁄ stoneware, Stäbchen ⁄ stirrer L. 10 cm, 2006

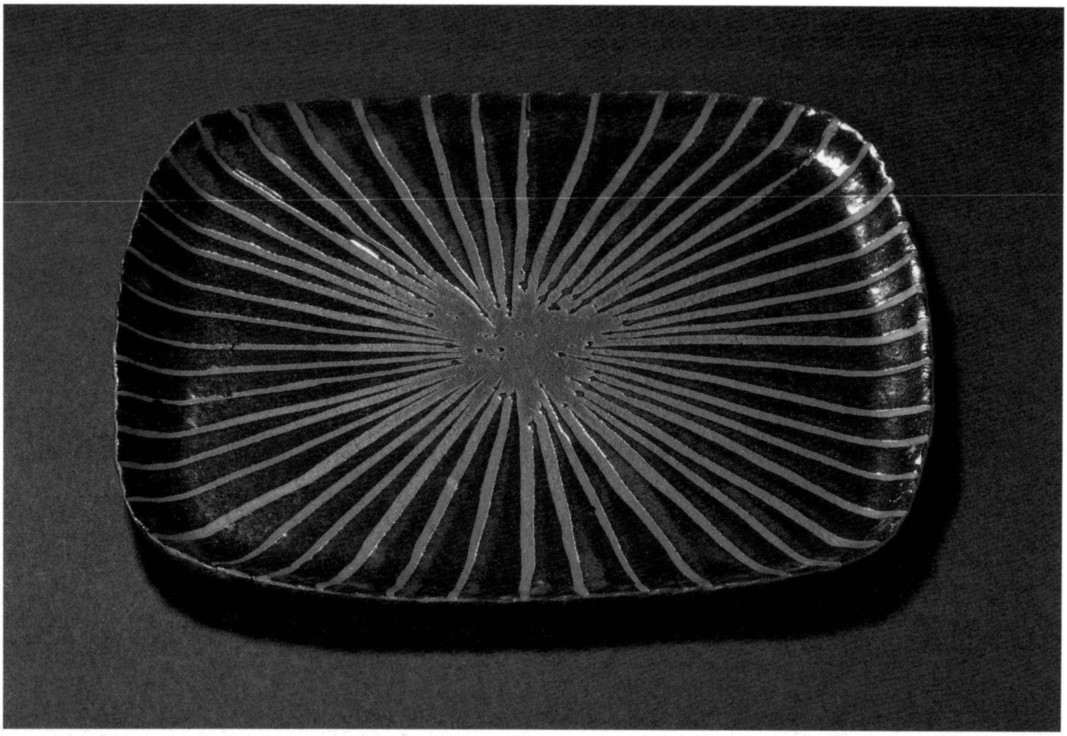

66 SEPIA, Steinzeug ⁄ stoneware, Platte ⁄ plate L. 24,5 cm, 2009

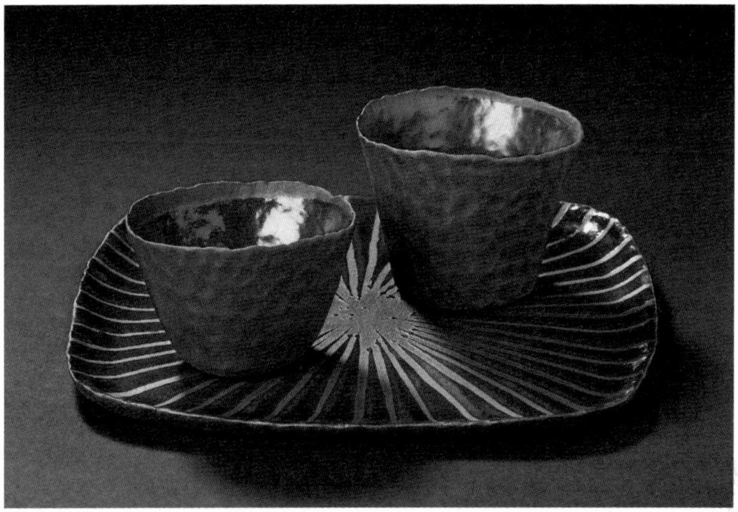

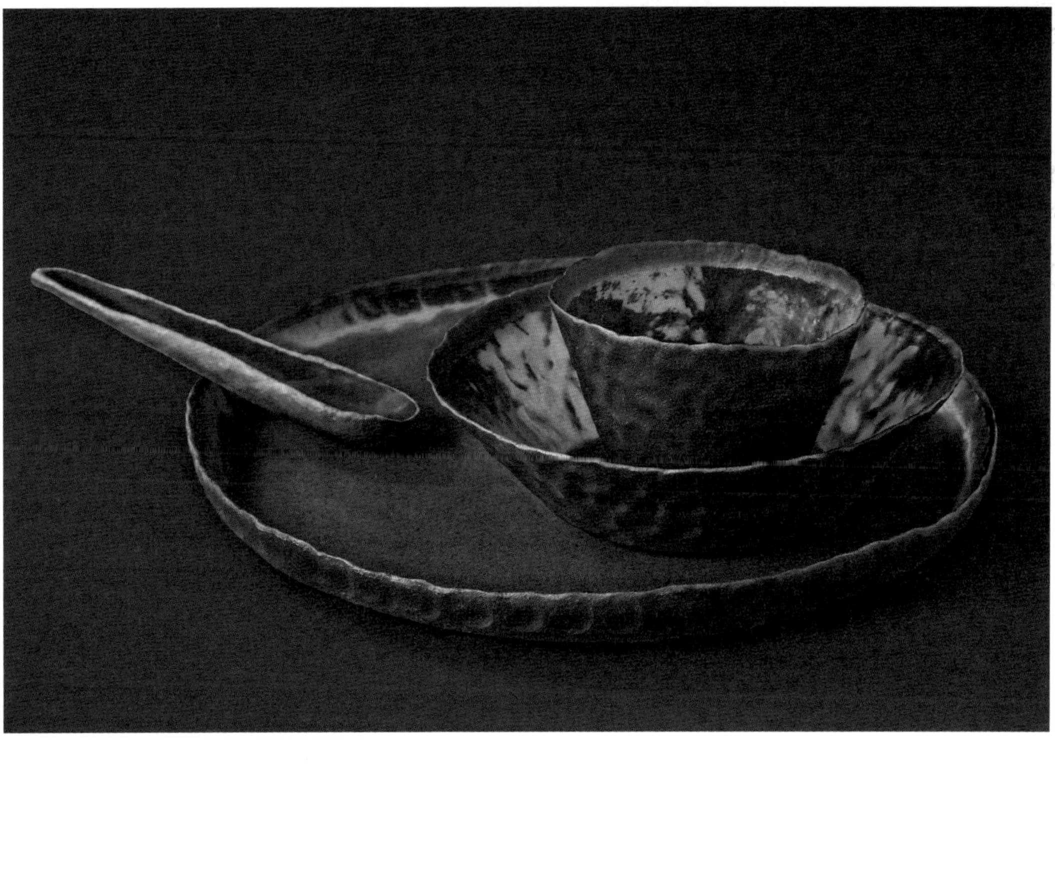

SEPIA, Steinzeug ⁄ stoneware, Becher groß ⁄ large cup H. 8 cm, 2009

SEPIA, Steinzeug ⁄ stoneware, Platte ⁄ plate Ø 26 cm, 2009

Seite ⁄ page 68–69: SEPIA, Steinzeug ⁄ stoneware, Platte ⁄ plate Ø 26 cm, 2009

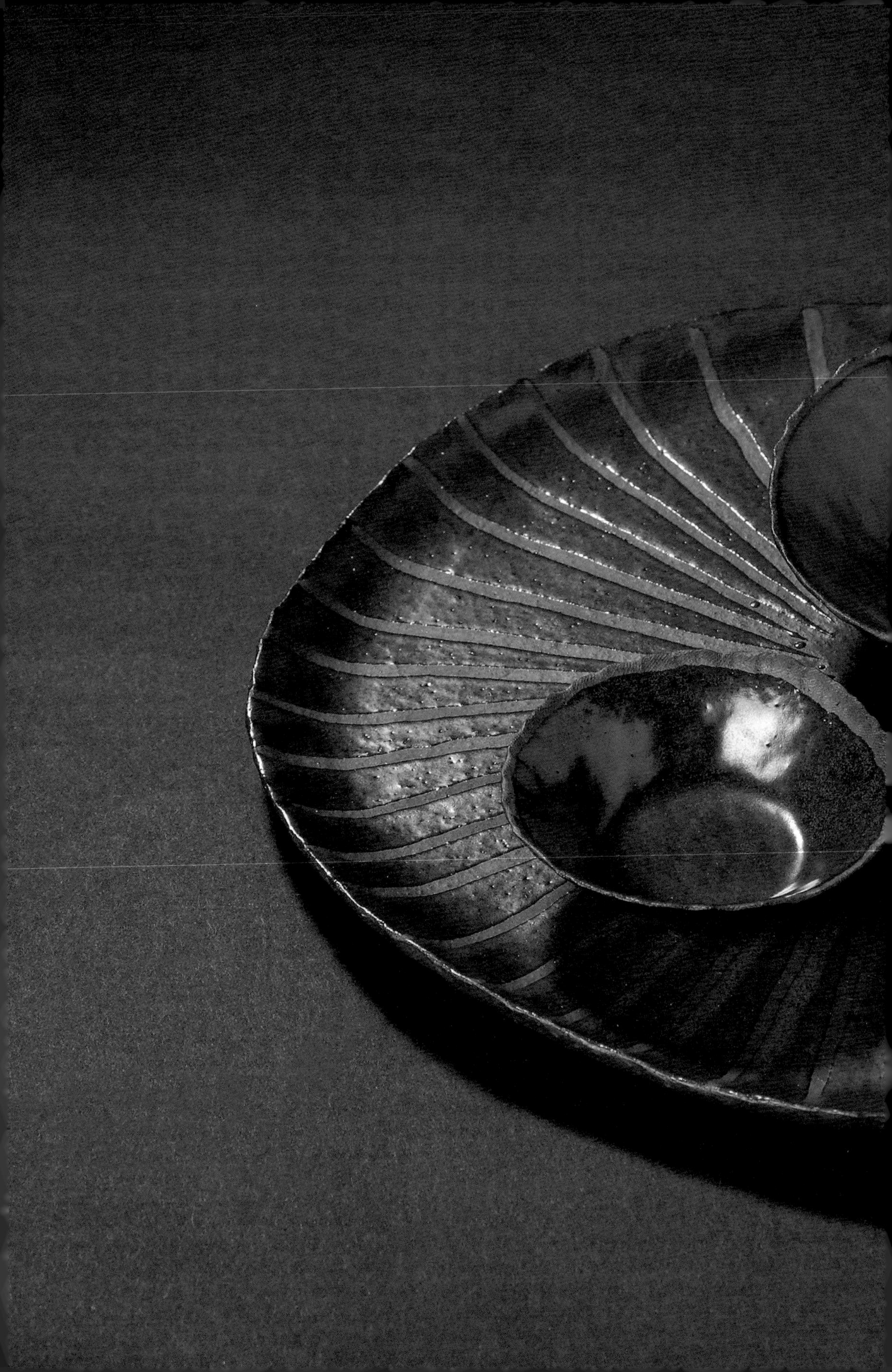

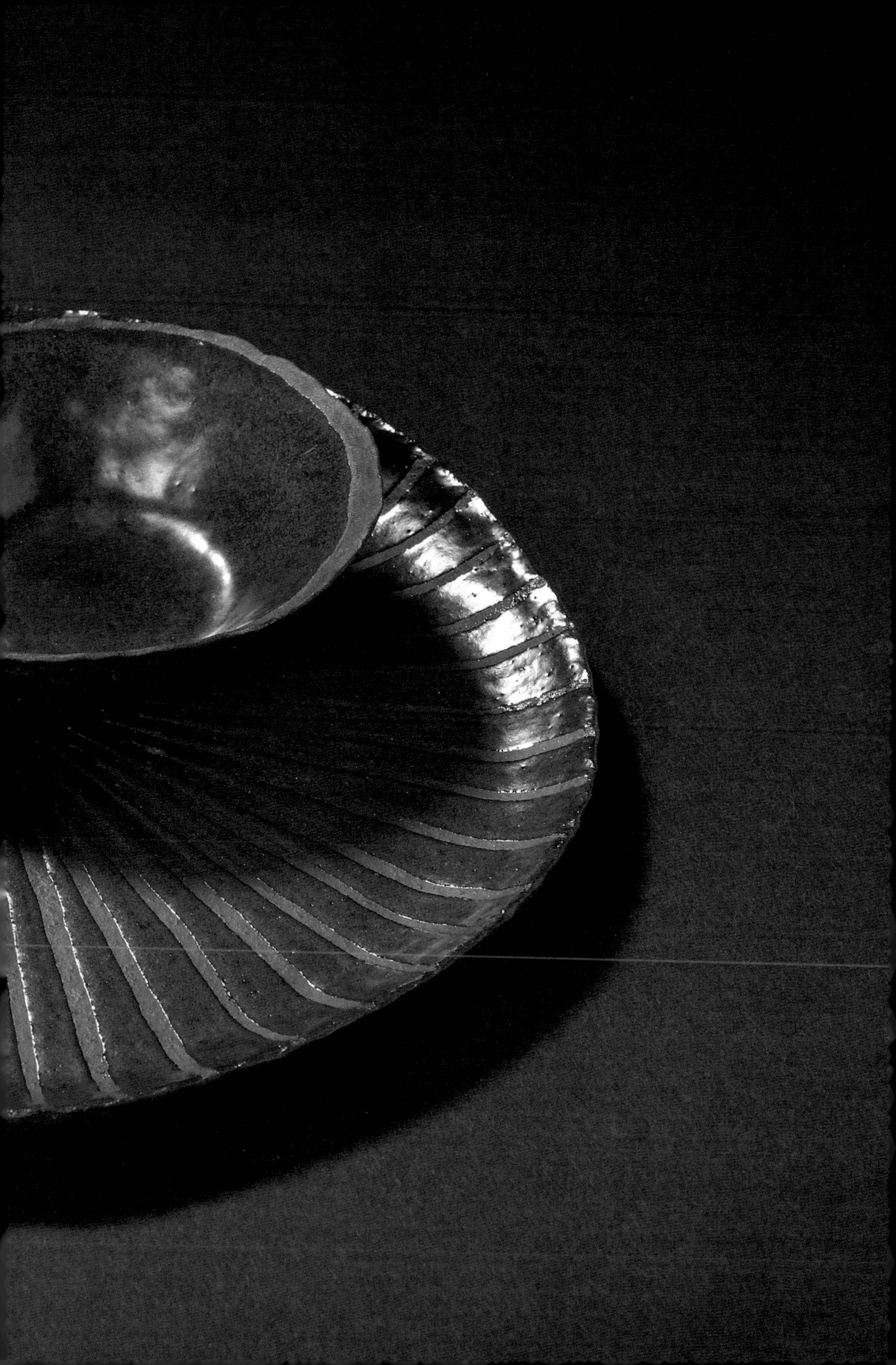

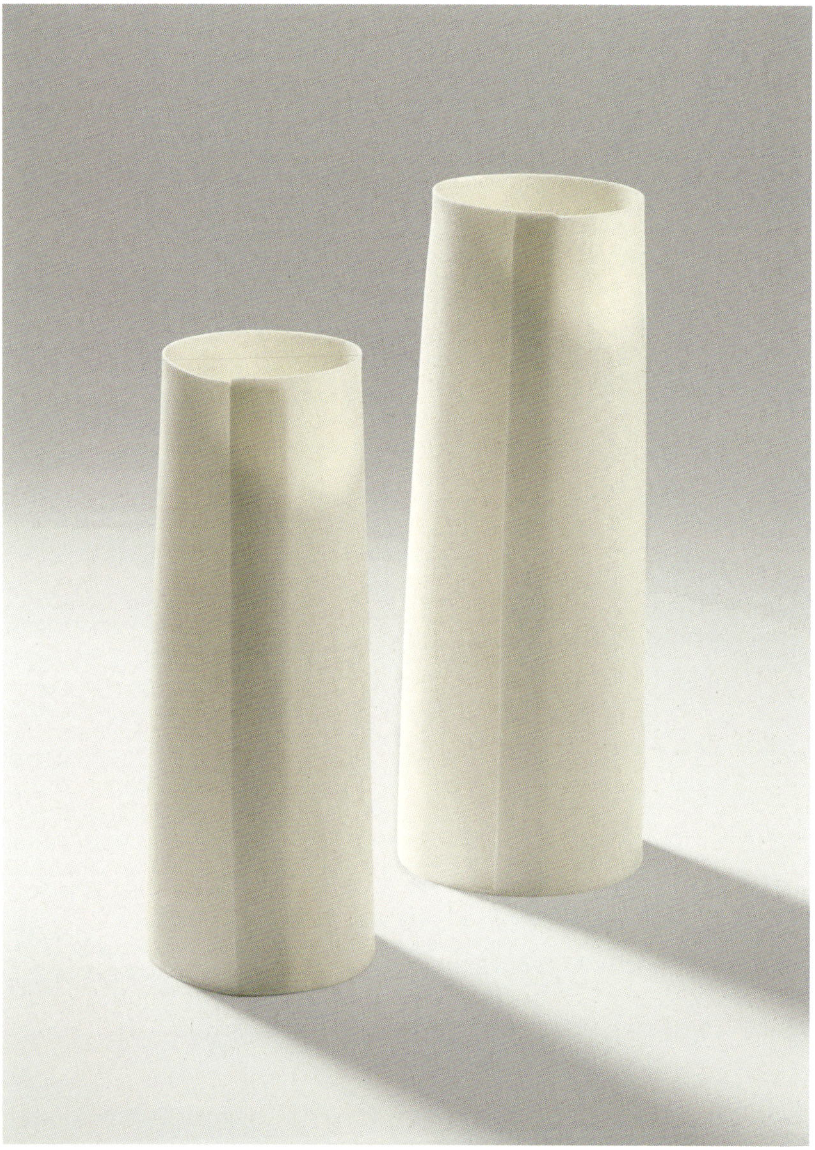

LIGHT, Porzellan / porcelain, Vase groß / large vase H. 22 cm, 2015
LIGHT, Porzellan / porcelain, Vase groß / large vase H. 22 cm, 2010

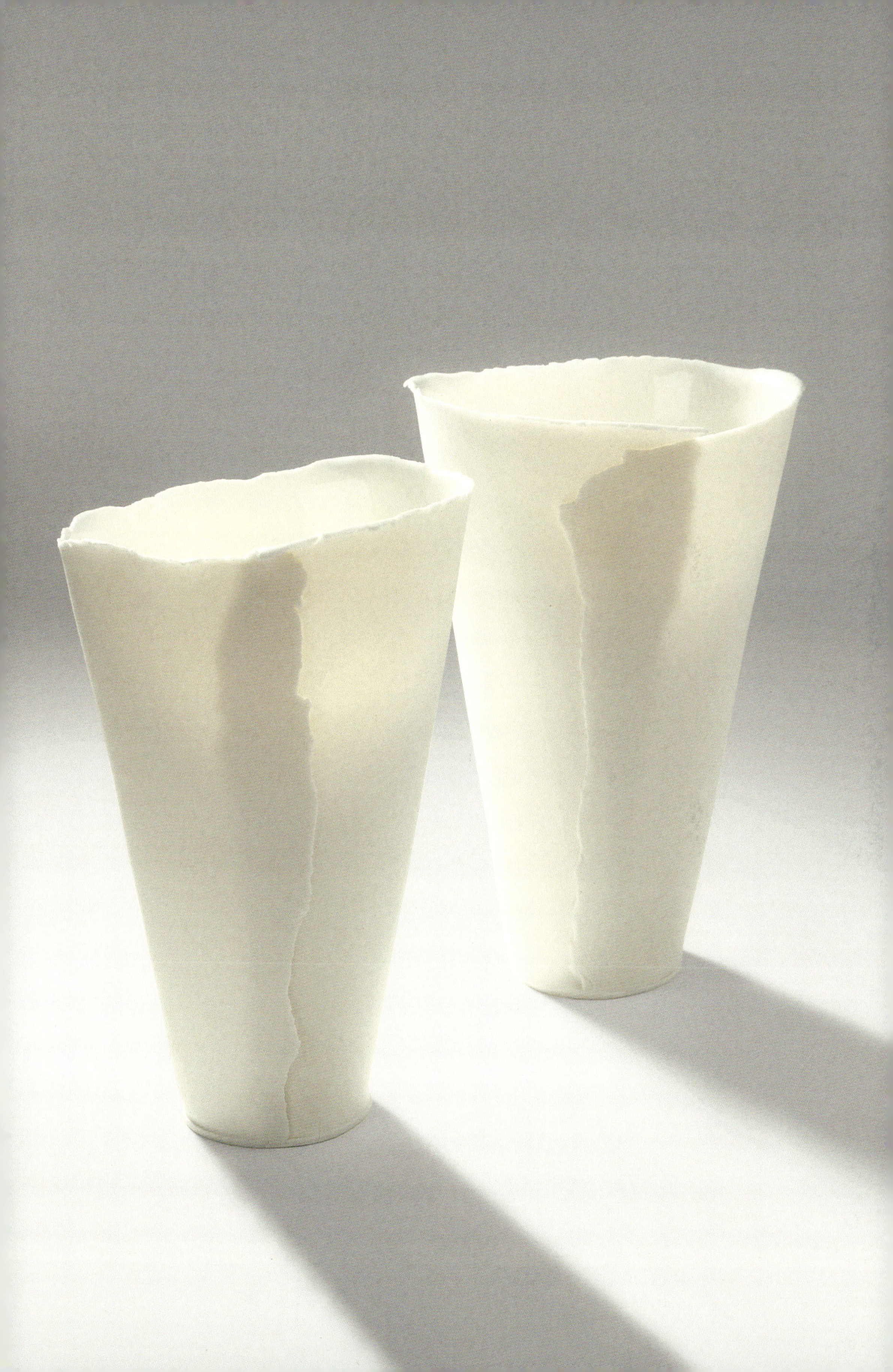

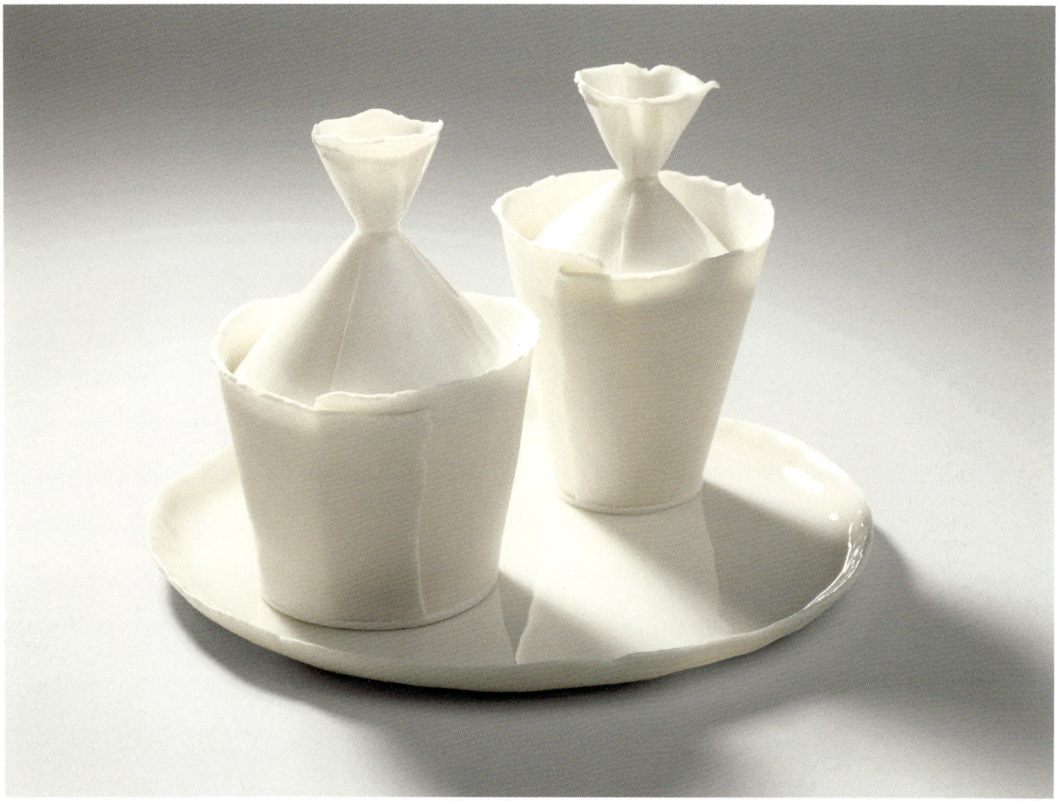

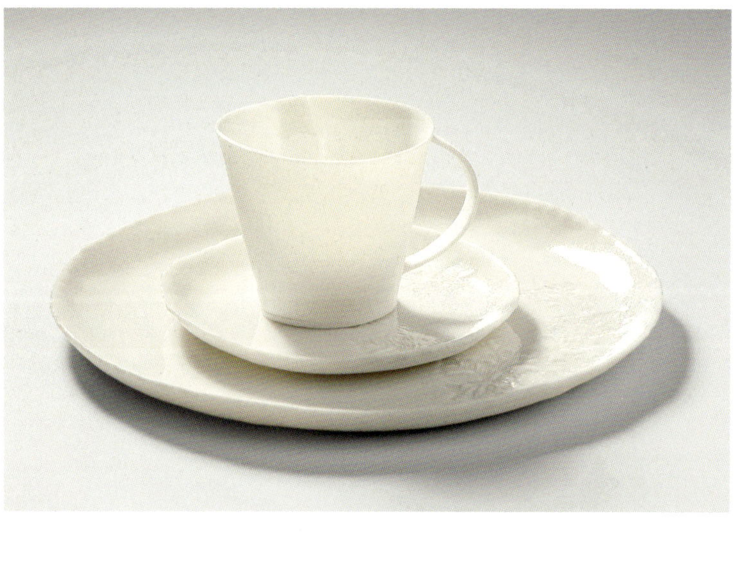

 LIGHT, Porzellan / porcelain, Dose groß / large box Ø 8,5 cm, 2010
LIGHT, Porzellan / porcelain, Espressotasse / espresso cup Ø 6,5 cm, 2010

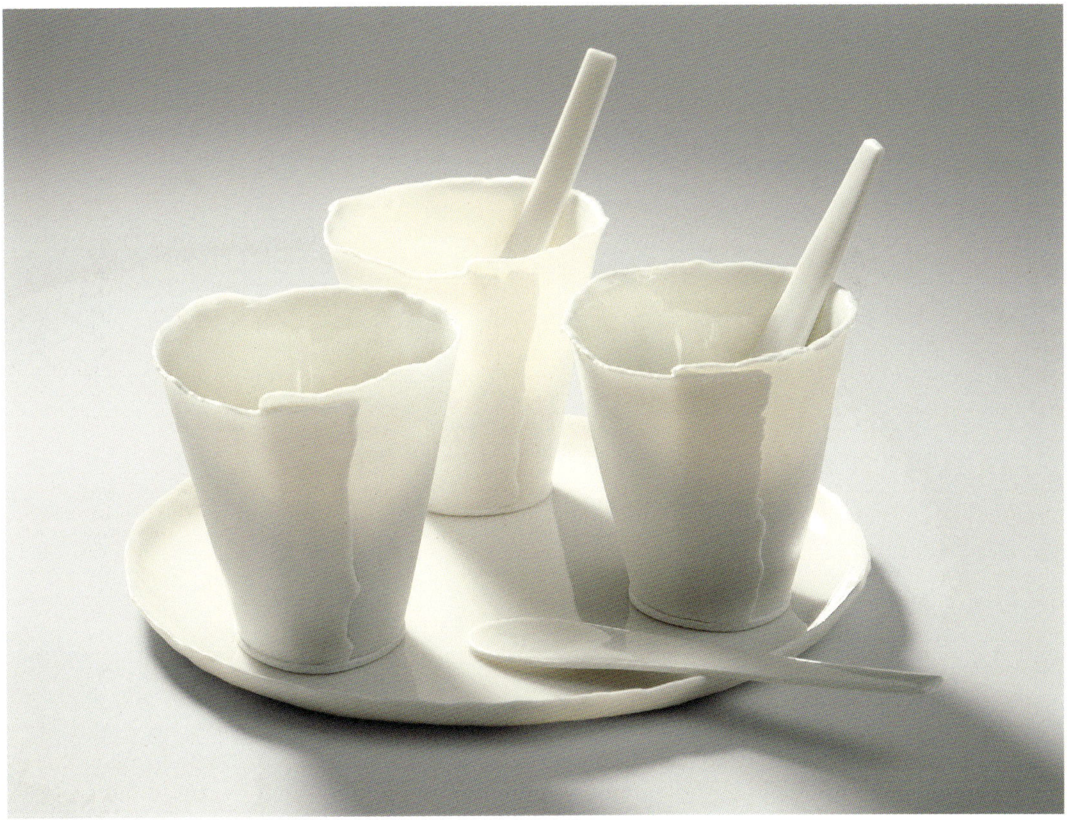

LIGHT, Porzellan ⁄ porcelain, Becher ⁄ cup H. 8 cm, 2010

Seite ⁄ page 74–75: LIGHT, Porzellan ⁄ porcelain, Schale groß ⁄ large bowl L. 24 cm, 2010

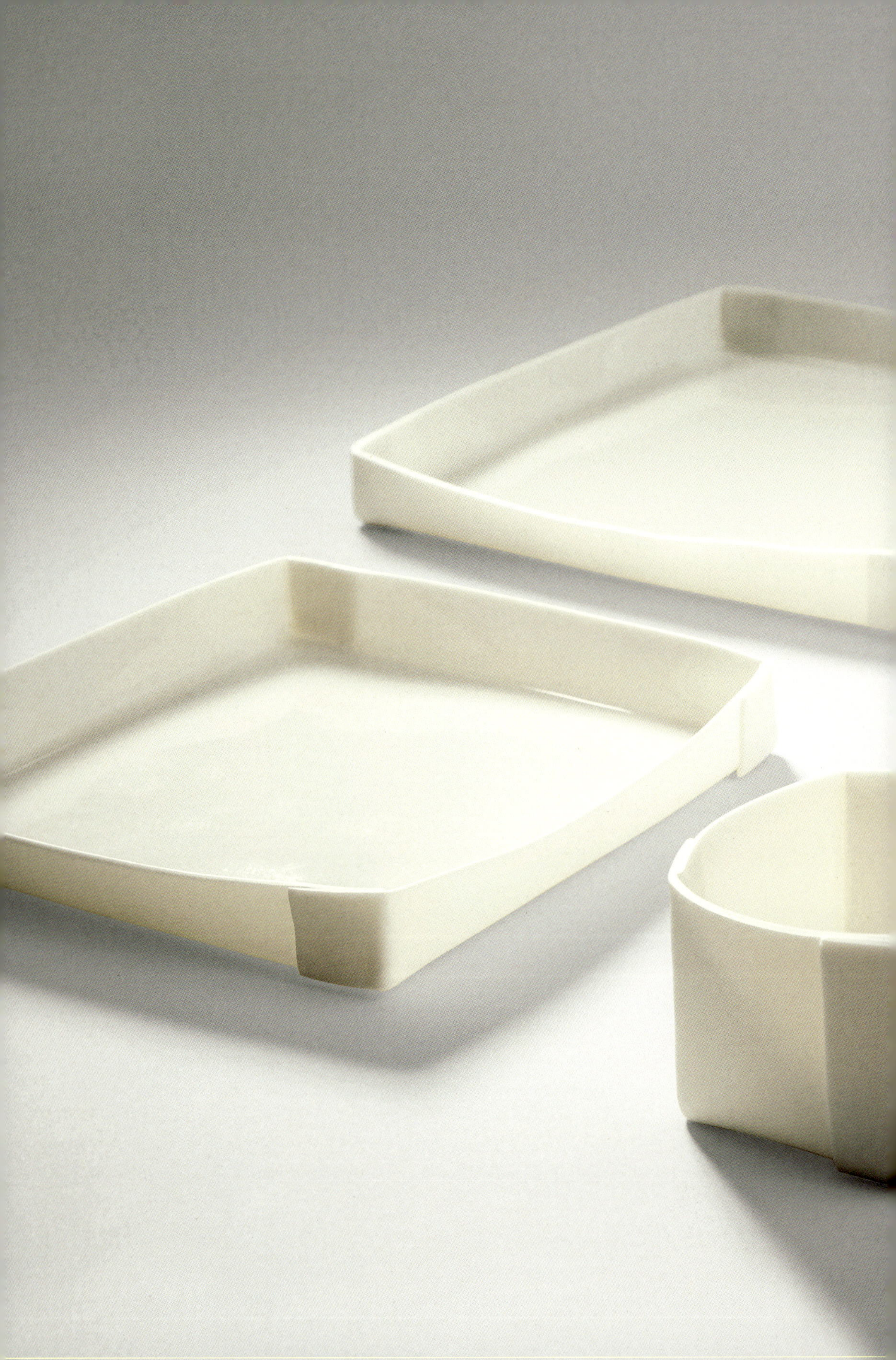

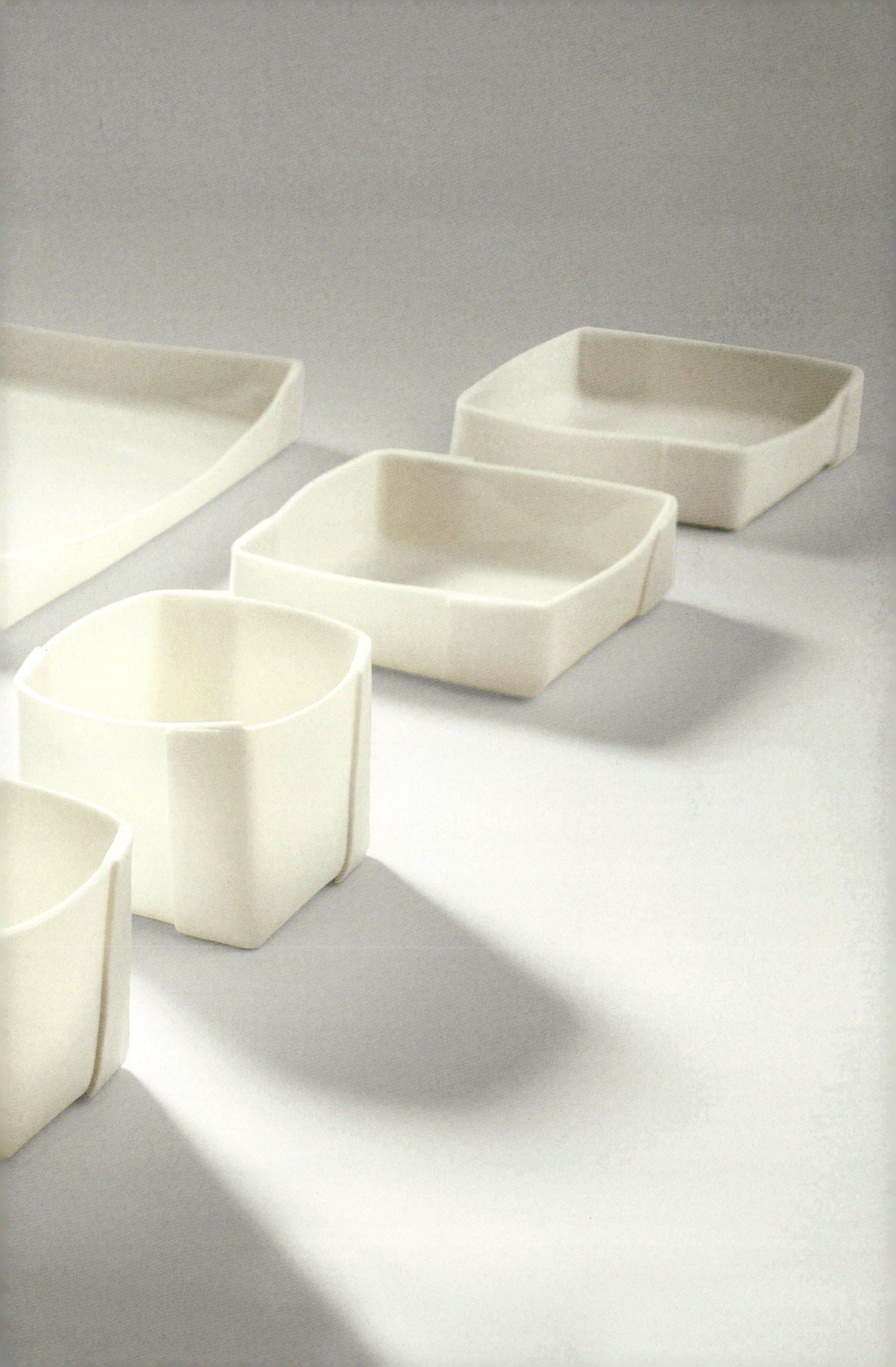

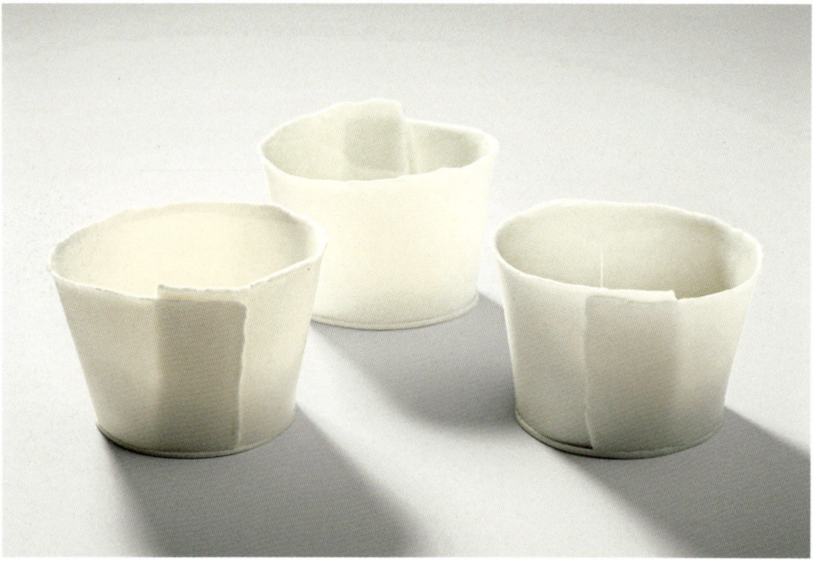

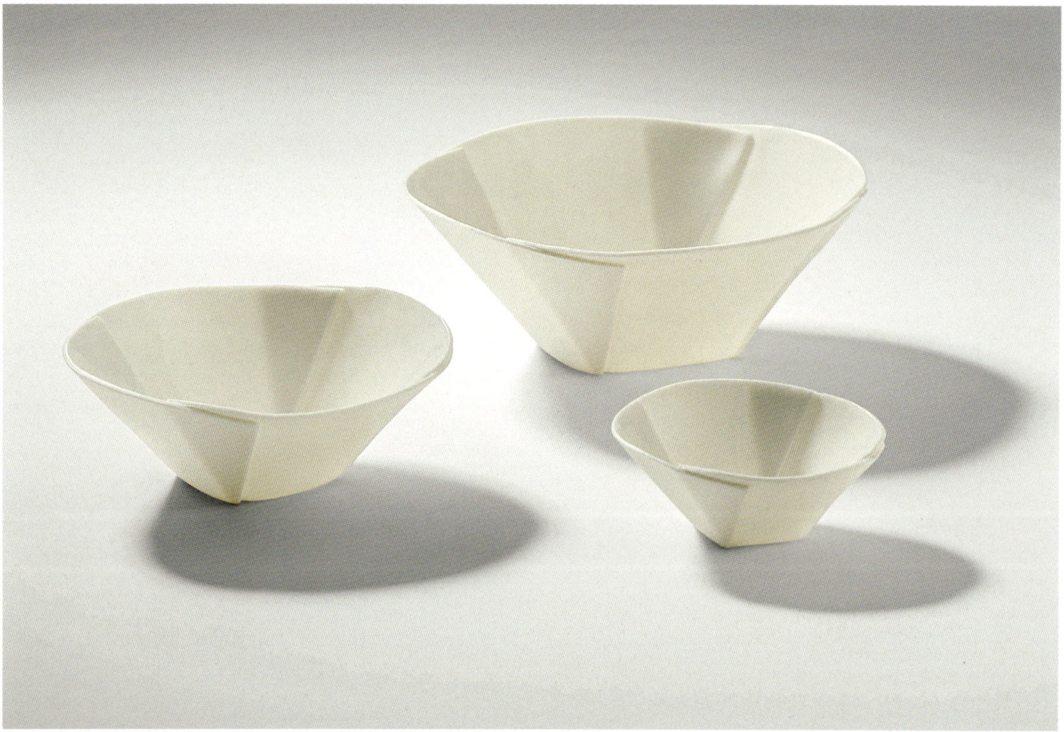

 LIGHT, Porzellan ⁄ porcelain, Becher ⁄ cup H. 5,5 cm, 2010
LIGHT, Porzellan ⁄ porcelain, Schale groß ⁄ large bowl Ø 17 cm, 2015

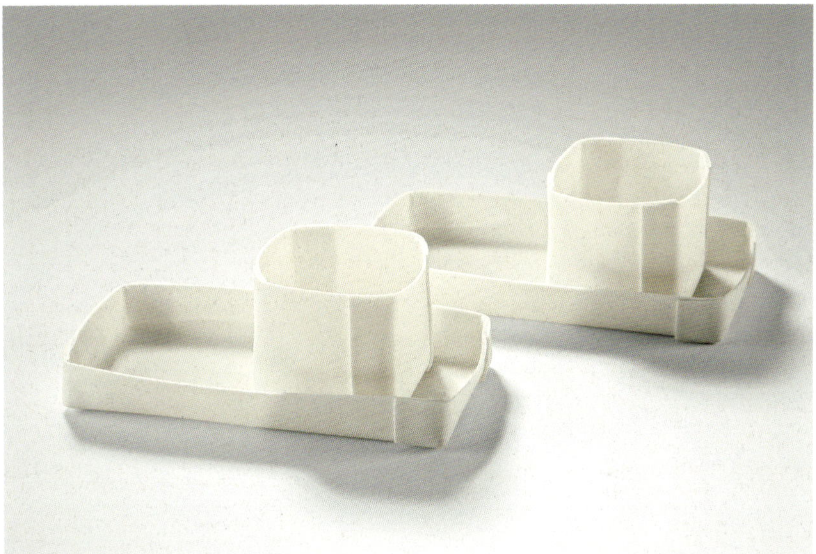

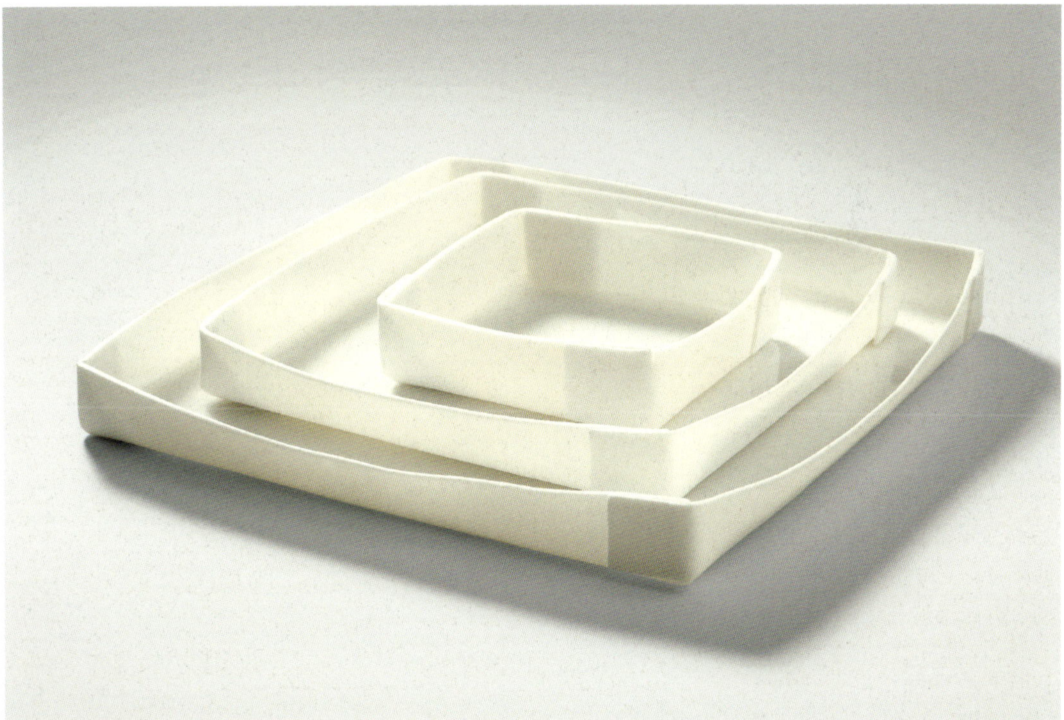

LIGHT, Porzellan ⁄ porcelain, Becher ⁄ cup H. 5,5 cm, 2010

LIGHT, Porzellan ⁄ porcelain, Schale groß ⁄ large bowl L. 24 cm, 2010

Seite ⁄ page 78–79: METAL, Steinzeug ⁄ stoneware, Schale ⁄ bowl Ø 39 cm, 2008

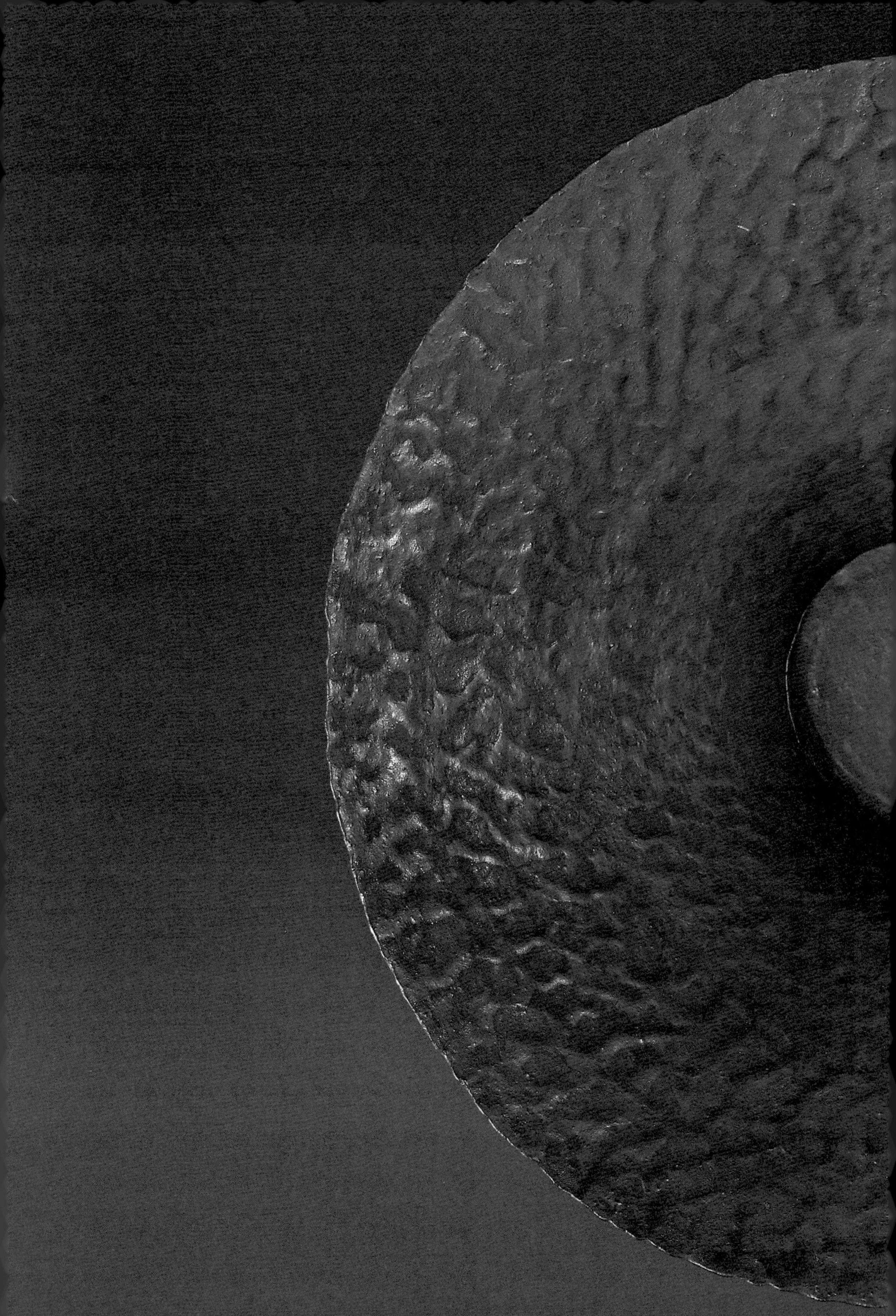

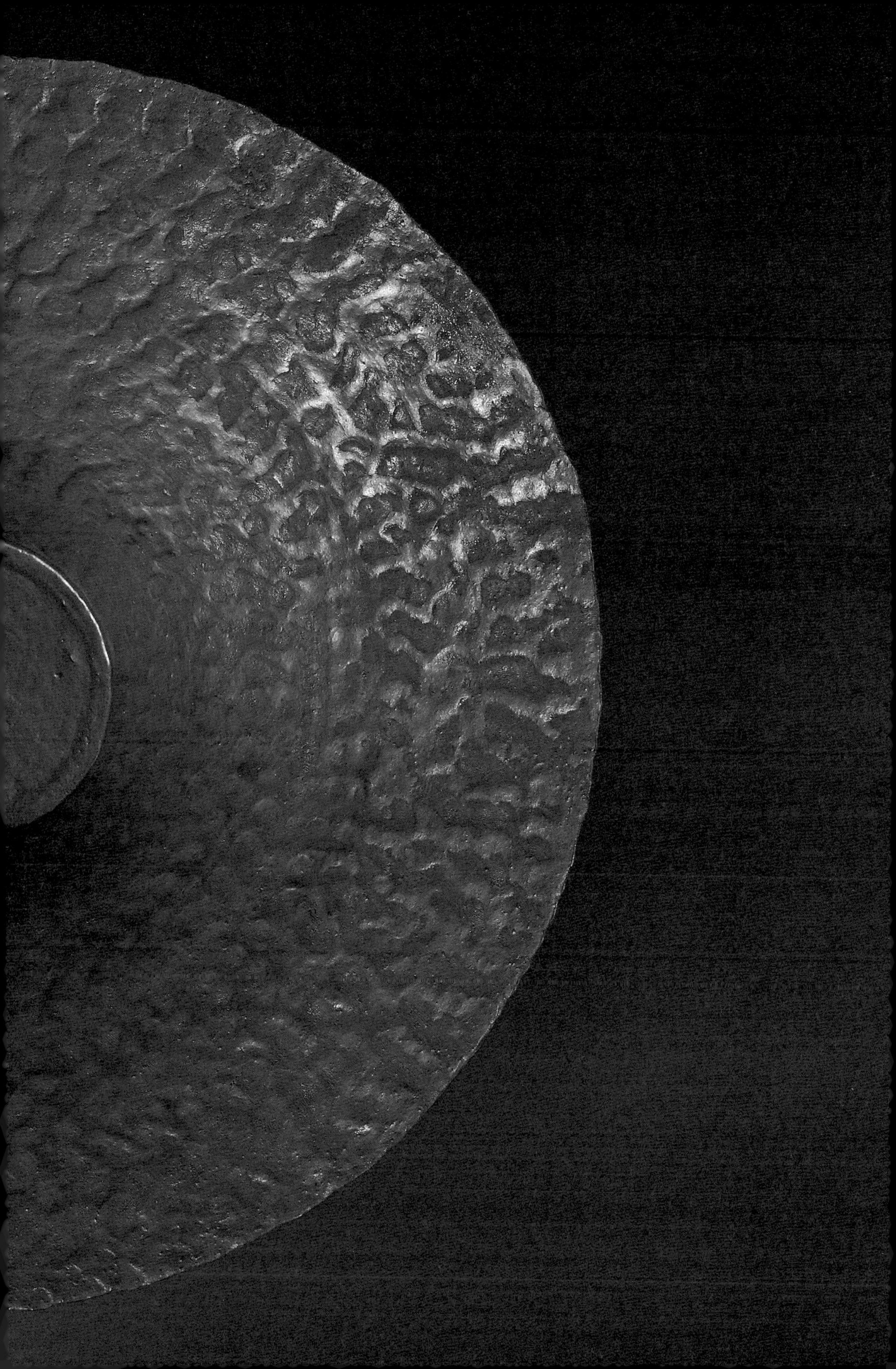

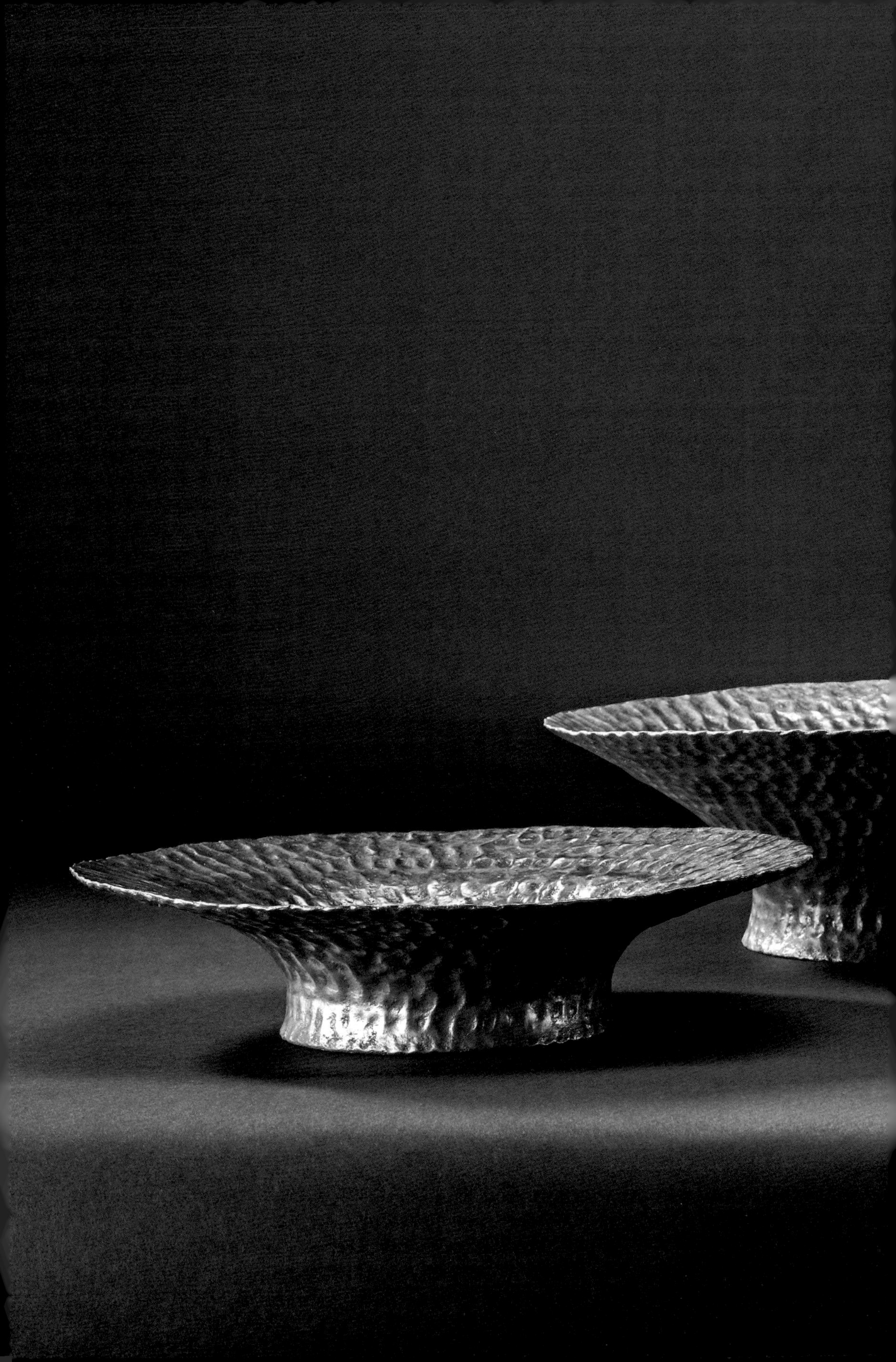

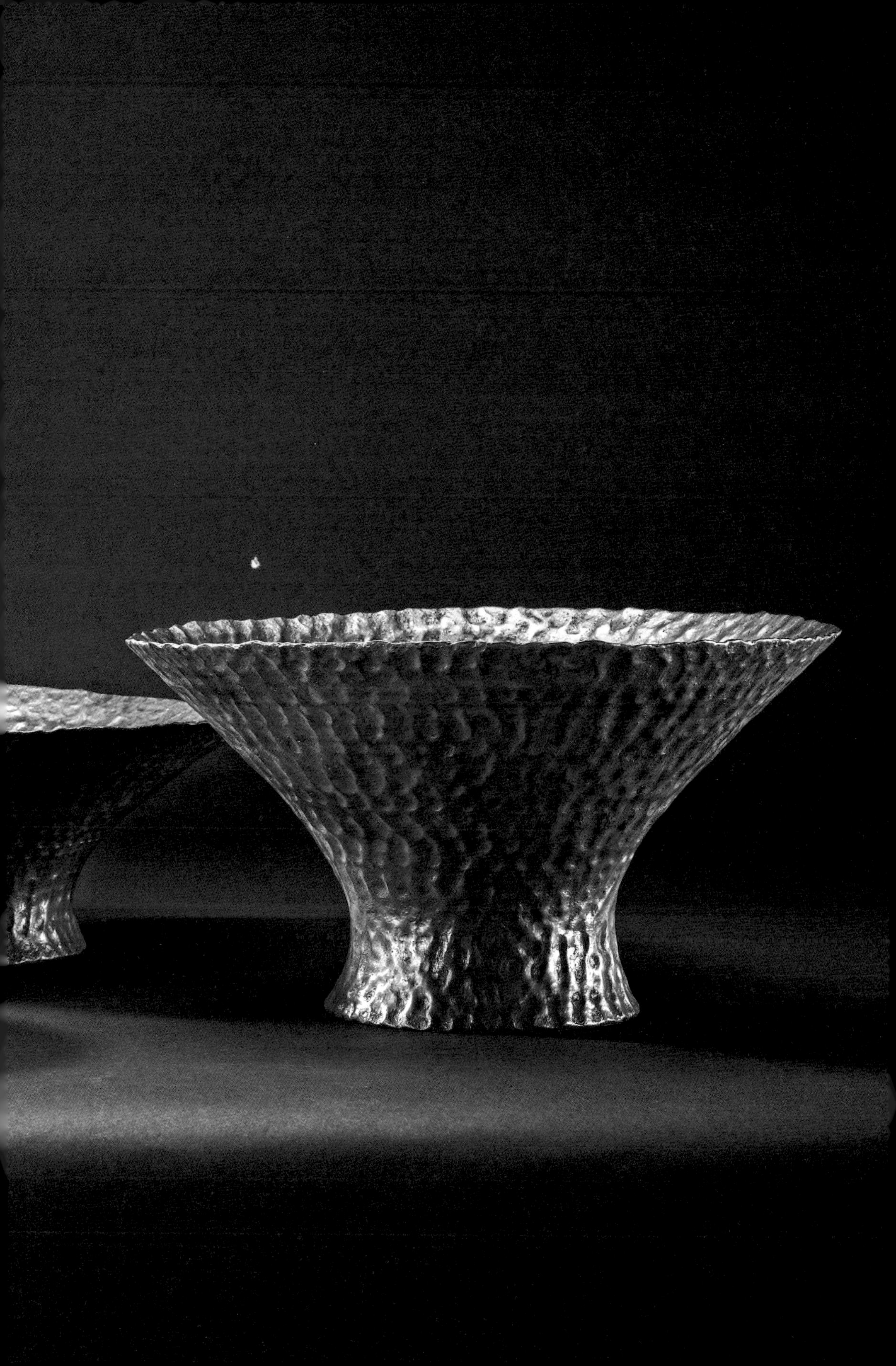

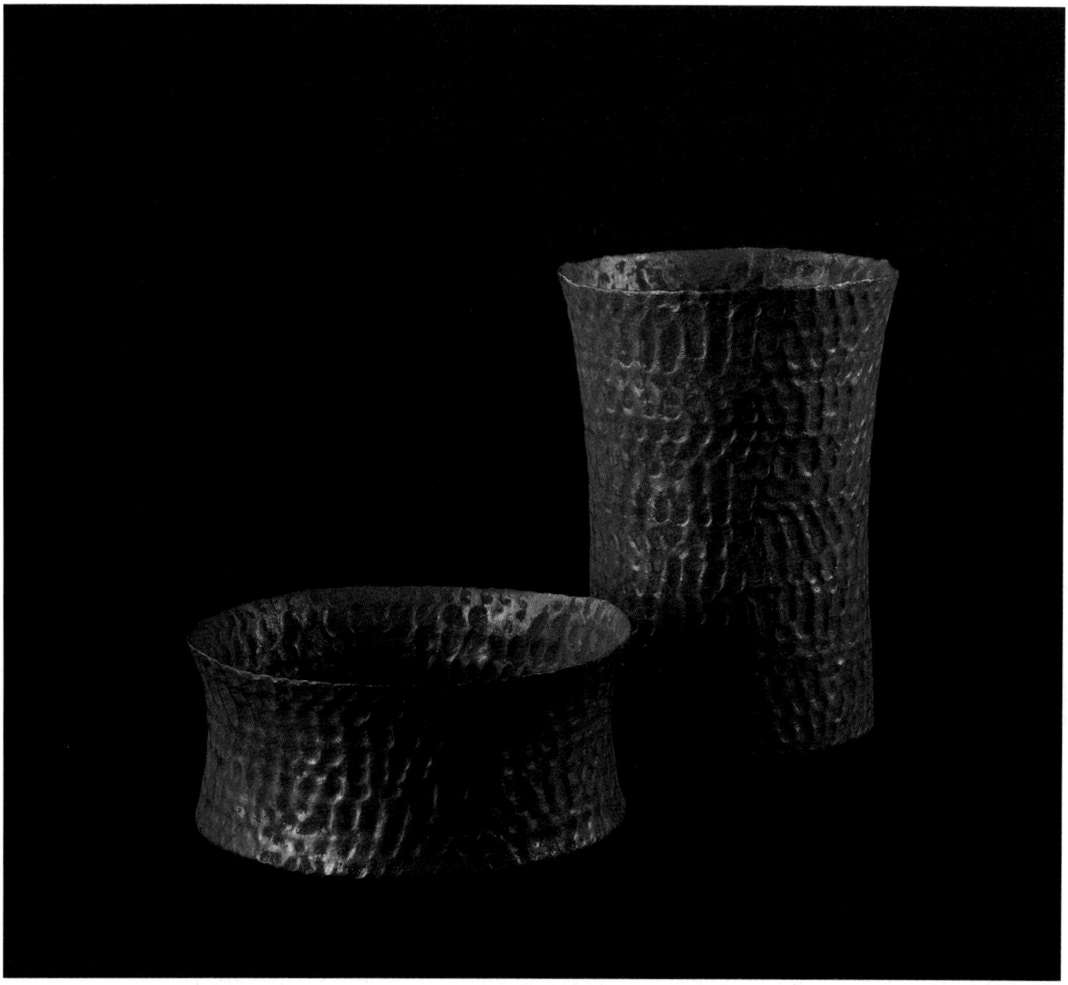

 Seite / page 80–81: METAL, Steinzeug / stoneware, Schale groß / large bowl Ø 54 cm, 2008

METAL, Steinzeug / stoneware, Vase / vase H. 24 cm, 2009

METAL, Steinzeug / stoneware, Vase groß / large vase H. 52 cm, 2008

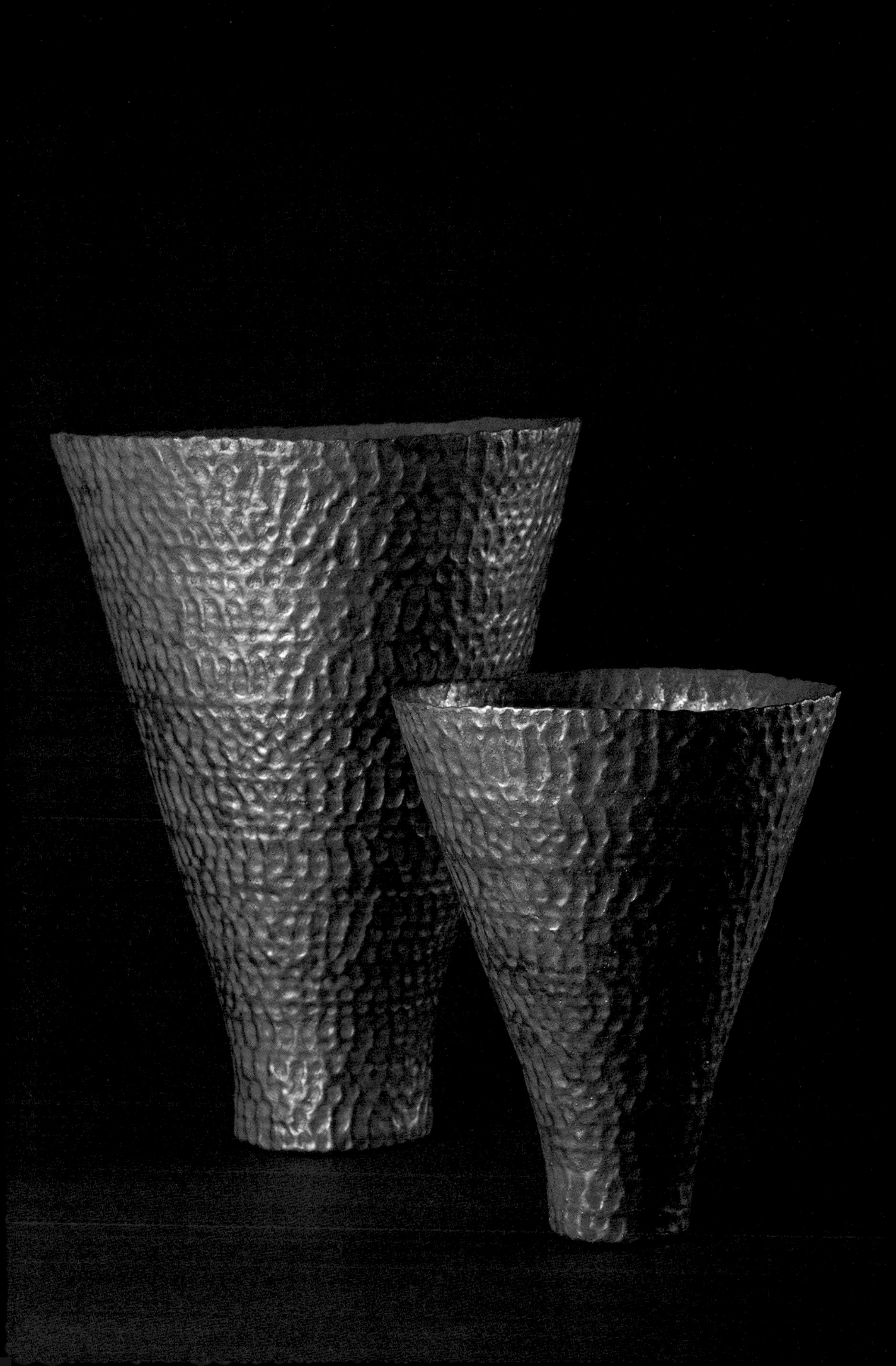

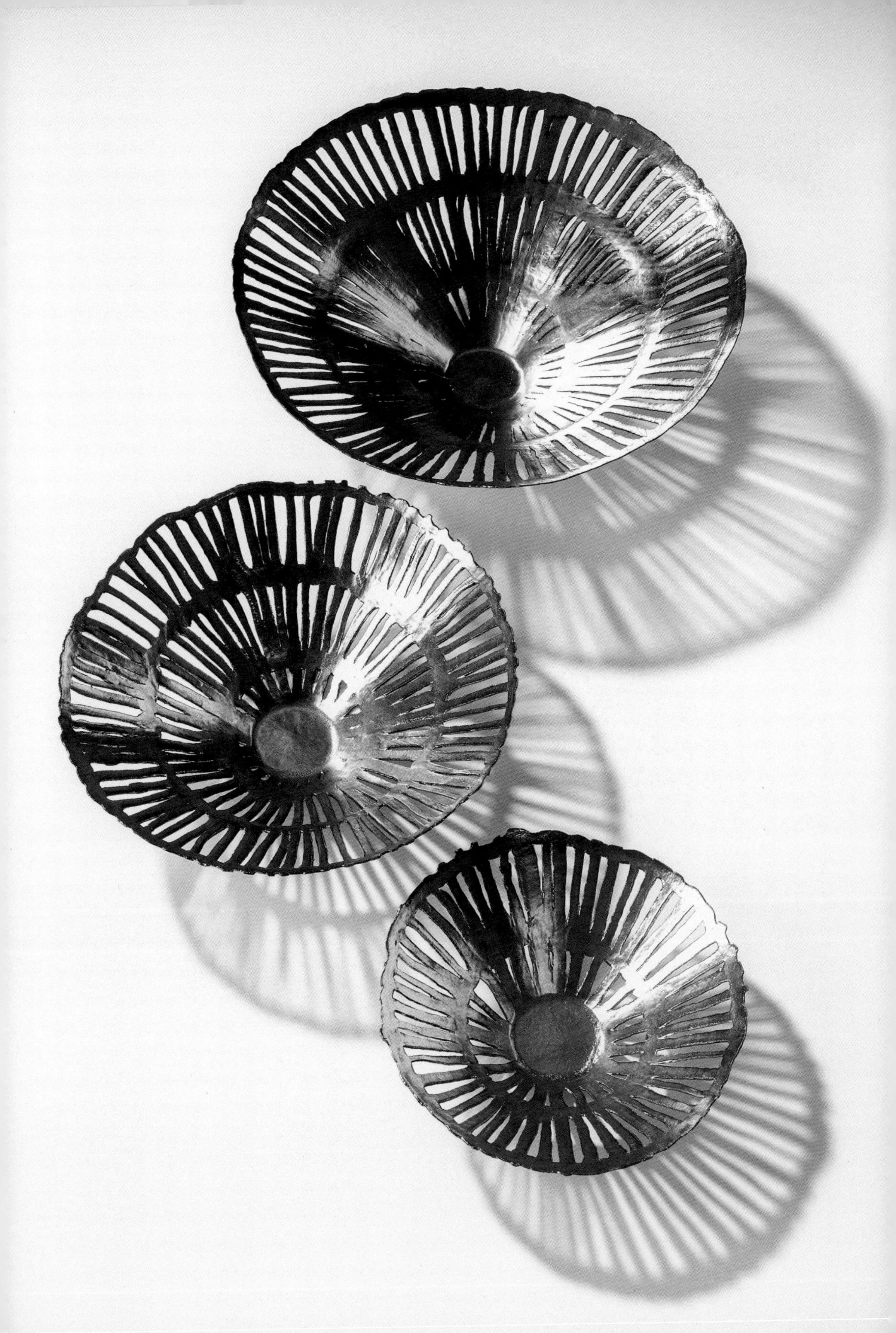

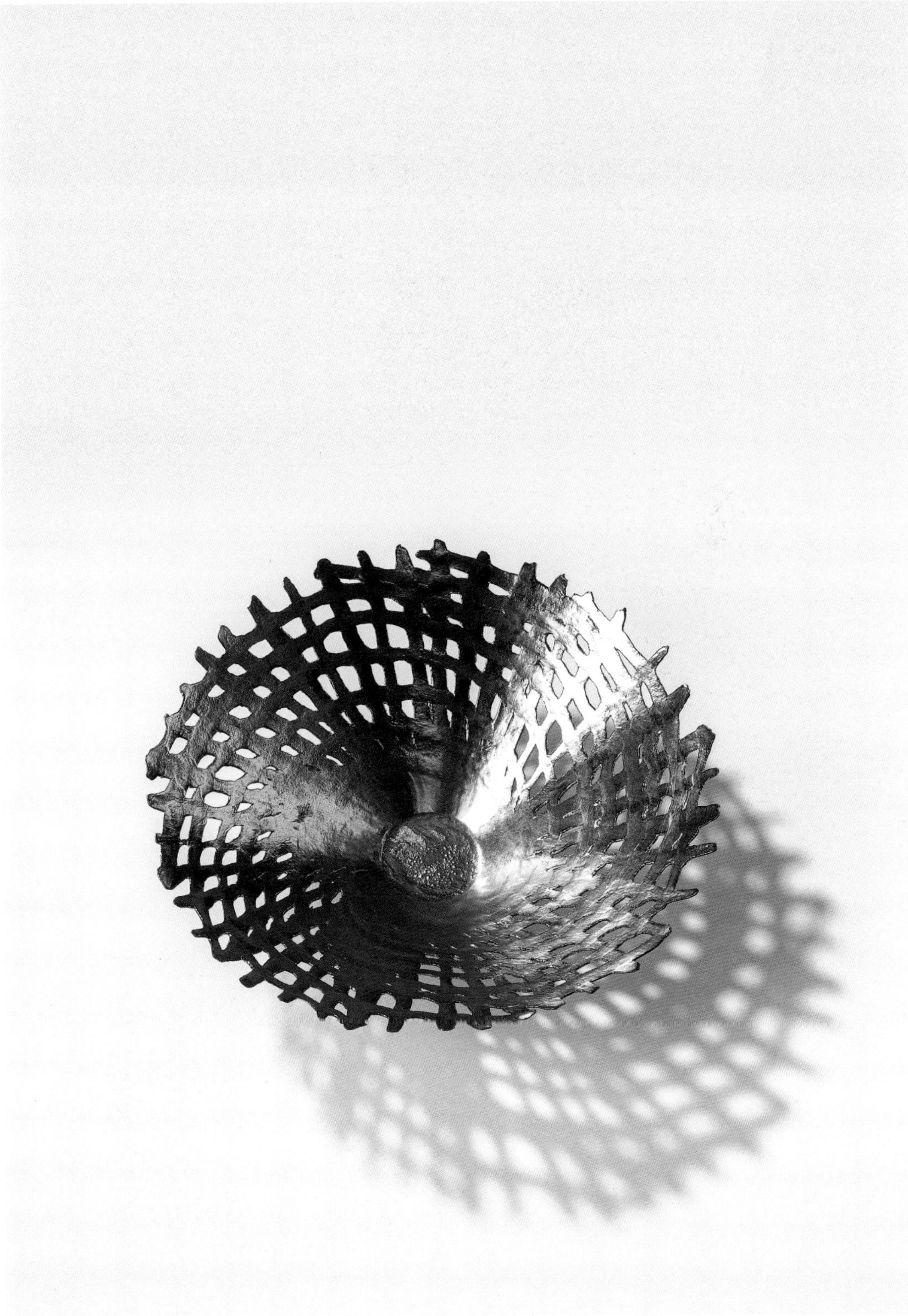

METAL, Steinzeug / stoneware, Schale groß / large bowl Ø 34 cm, 2009

METAL, Steinzeug / stoneware, Schale / bowl Ø 30 cm, 2009

Seite / page 86-87: PORZELLAN, Porzellan / porcelain, Schale groß / large bowl Ø 34 cm, 2009

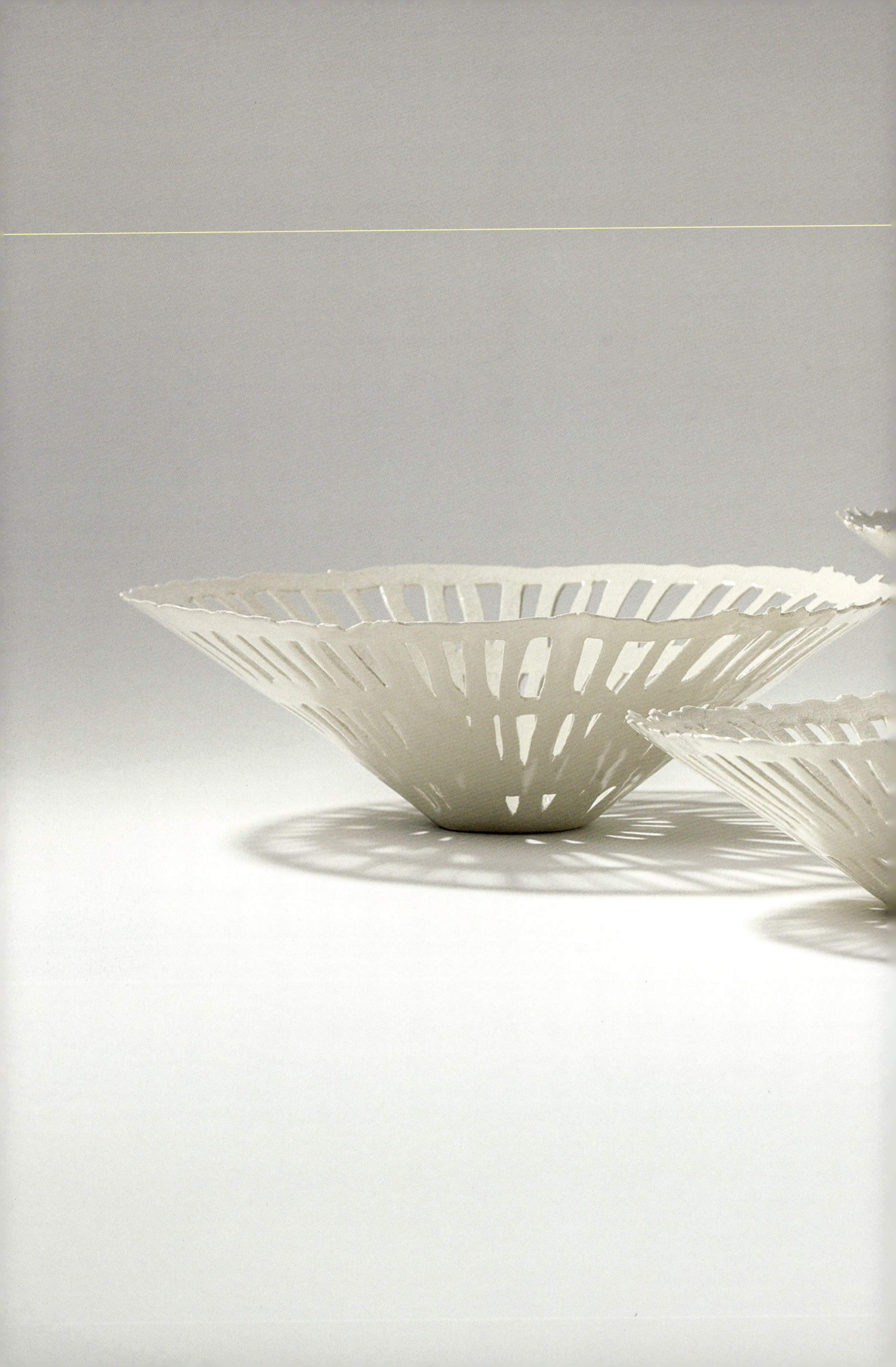

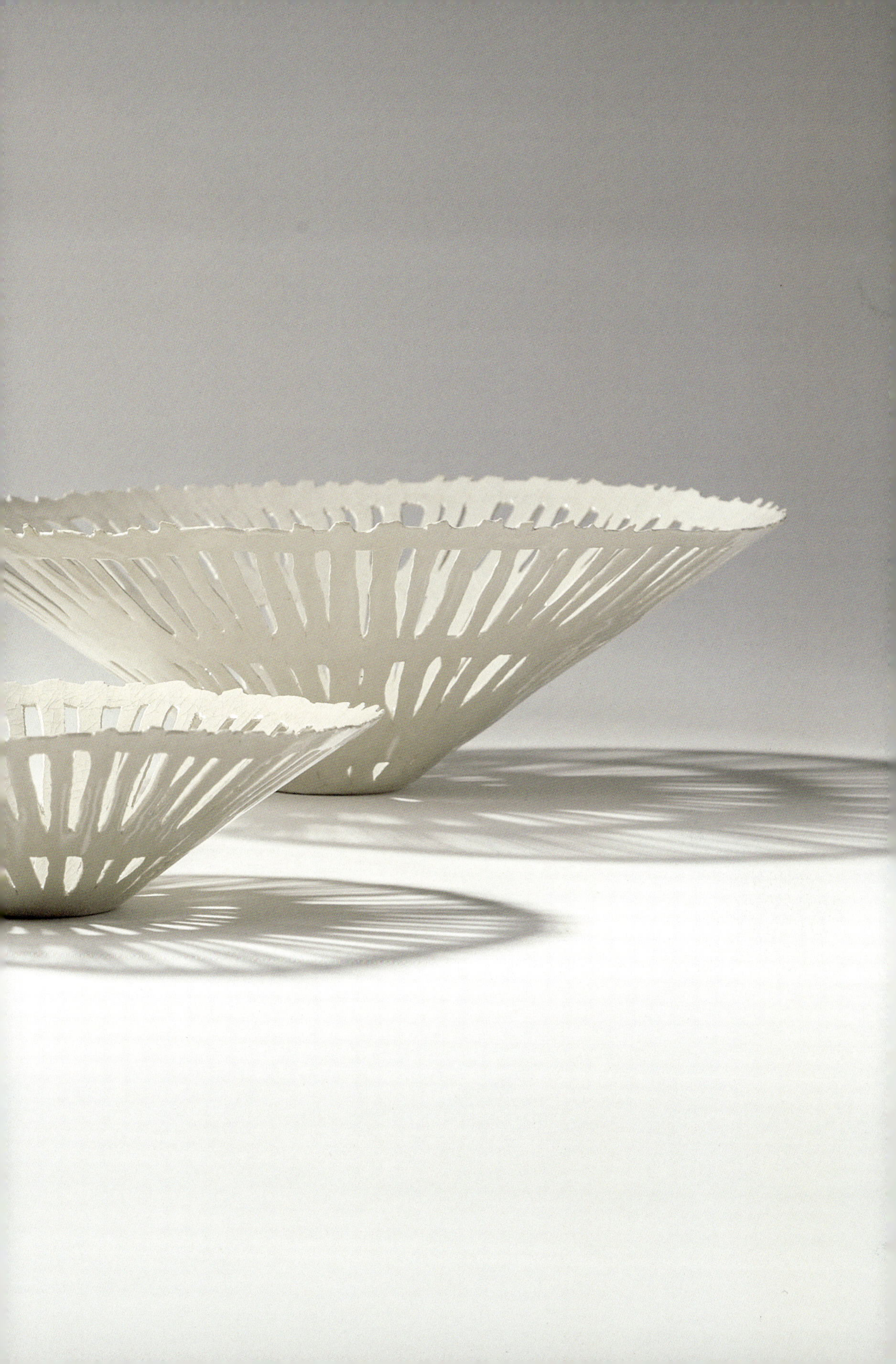

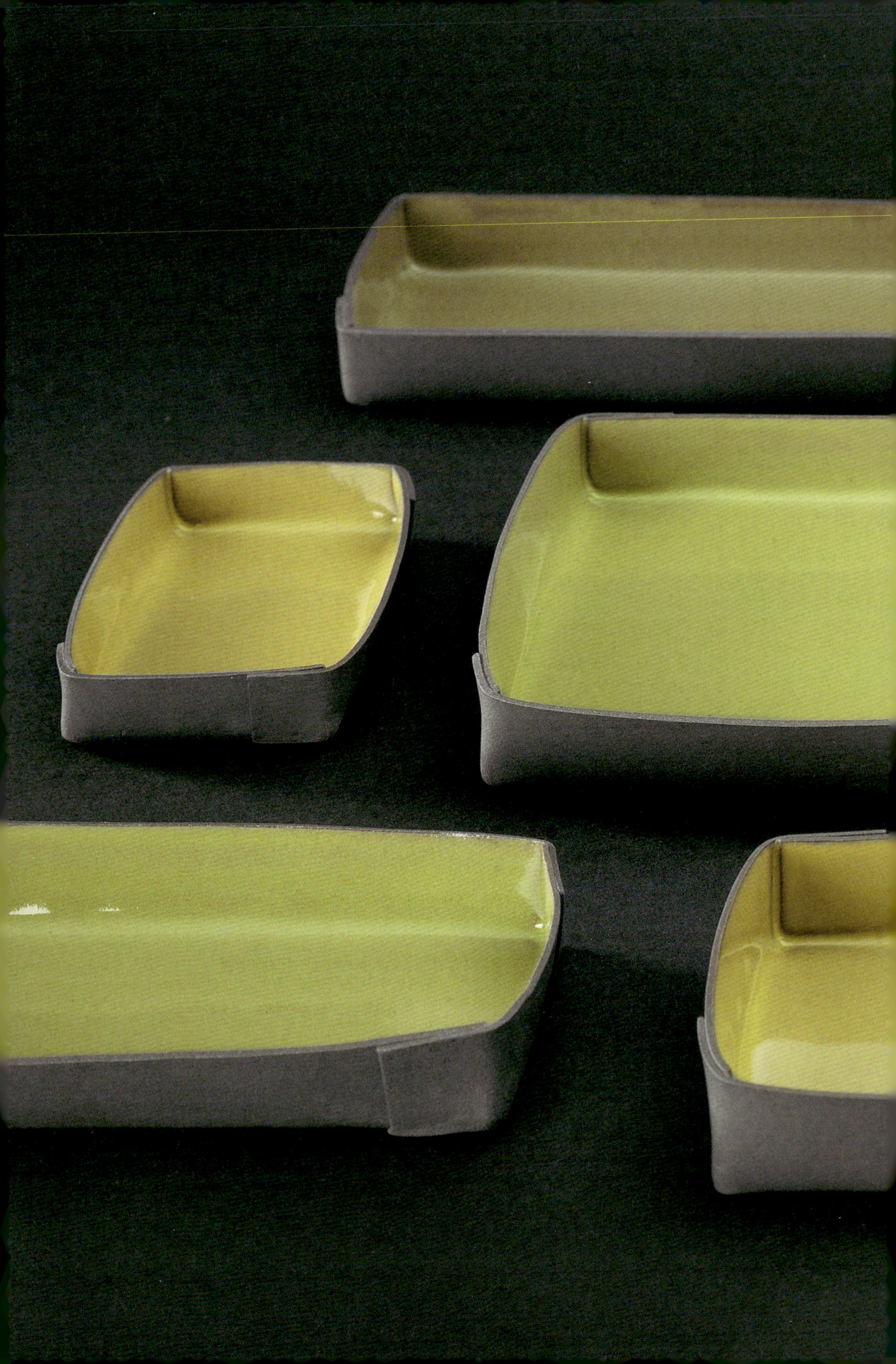

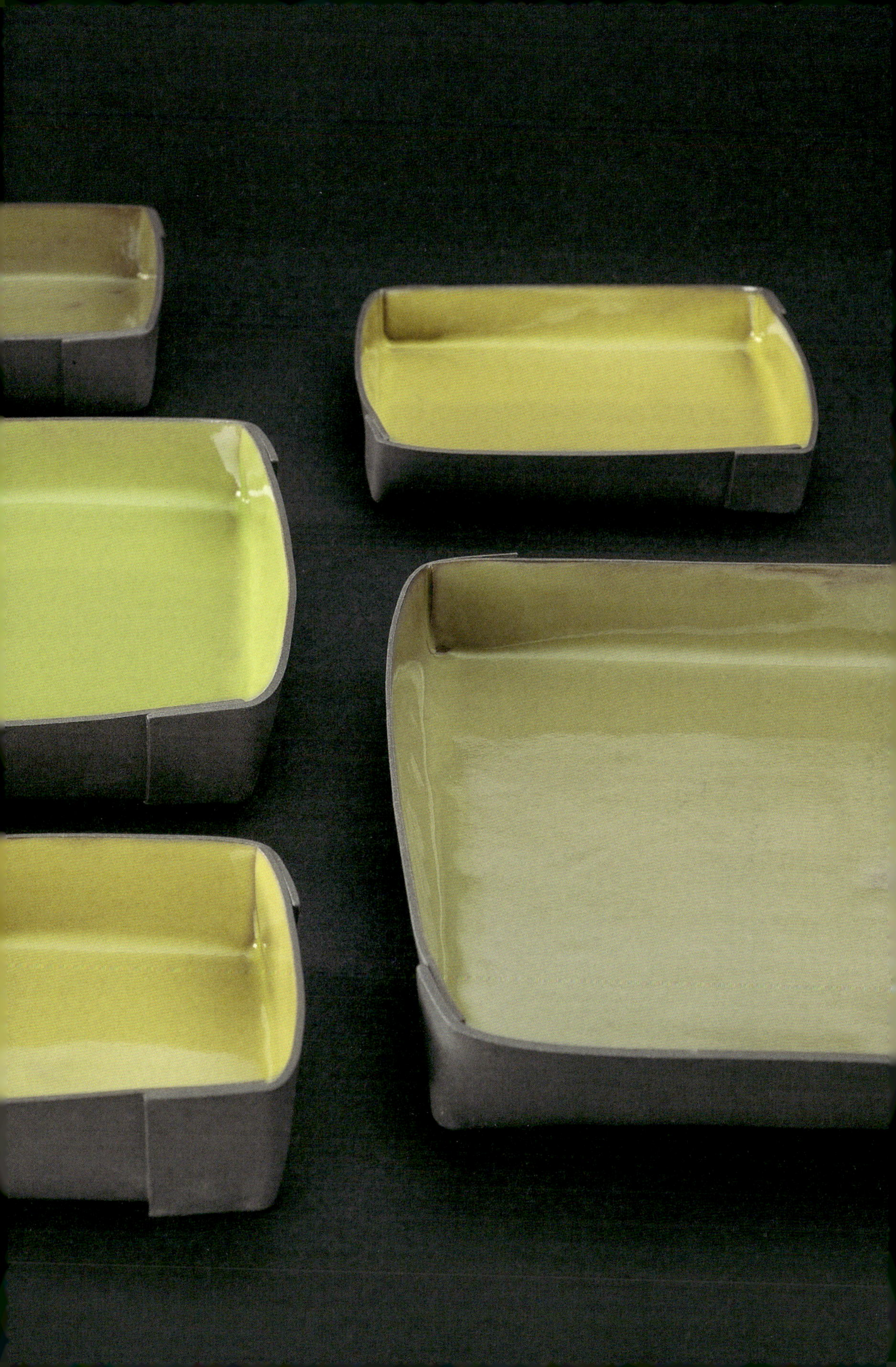

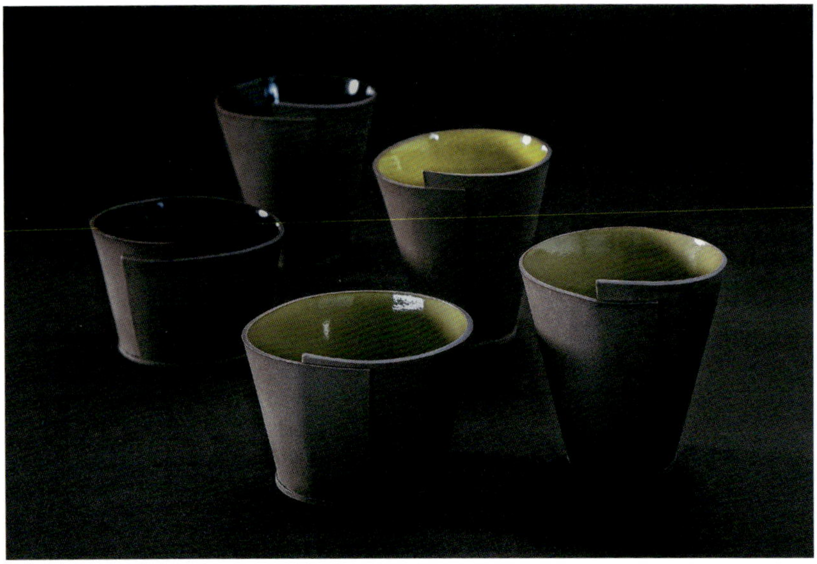

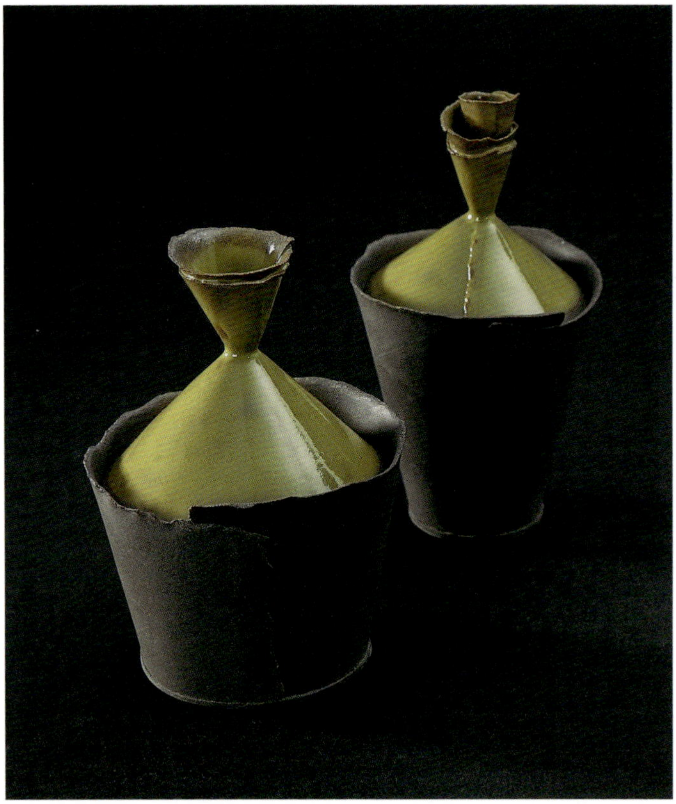

Seite / page 88-89: BOTANIC, Steinzeug / stoneware, Schale groß / large bowl L. 23,5 cm, 2010
BOTANIC, Steinzeug / stoneware, Becher / cup H. 8 cm, 2010
BOTANIC, Steinzeug / stoneware, Dose / box Ø 8,5 cm, 2010

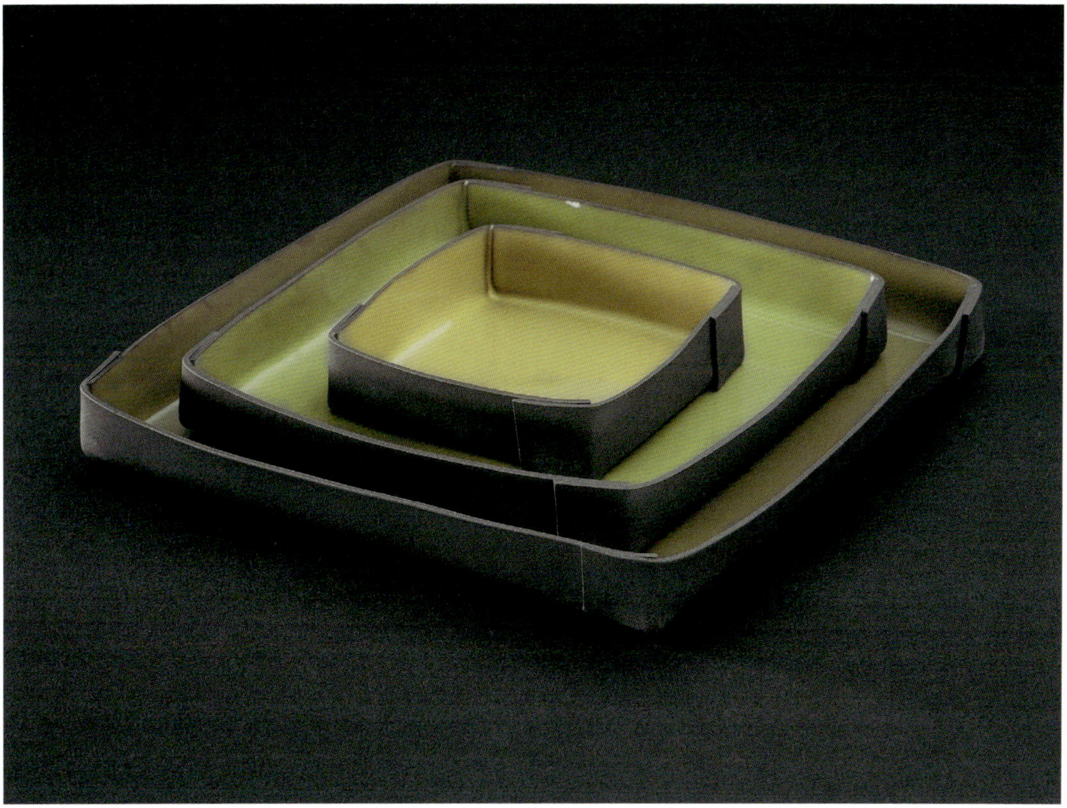

BOTANIC, Steinzeug ⁄ stoneware, Schale groß ⁄ large bowl L. 24 cm, 2010

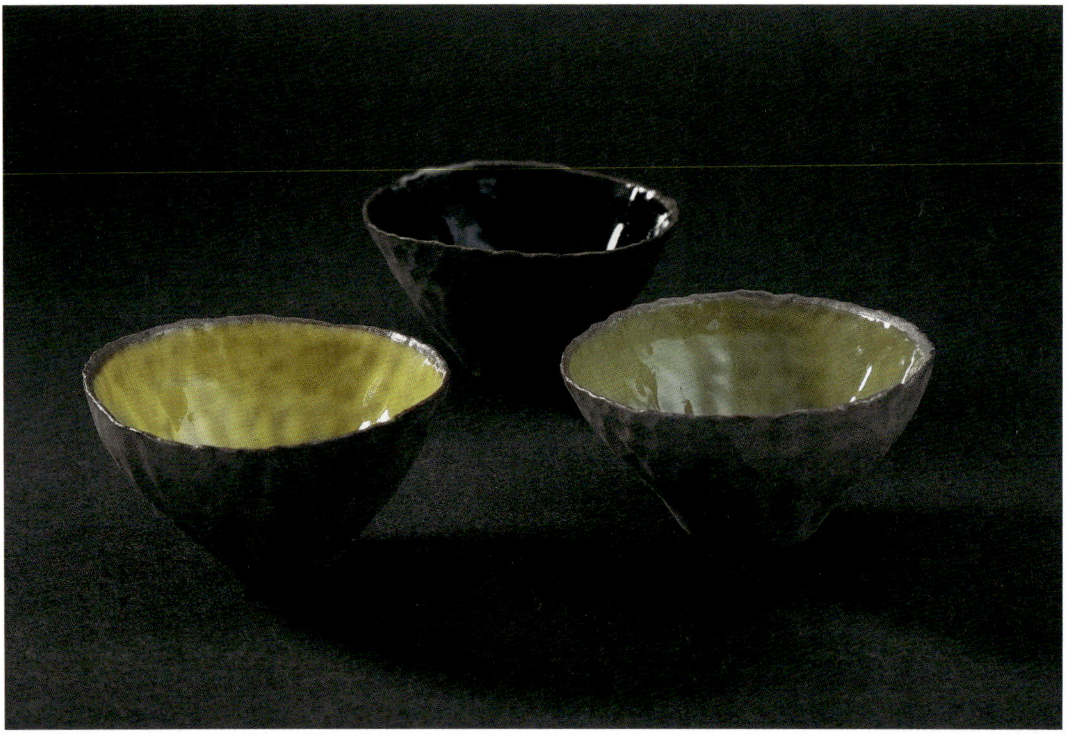

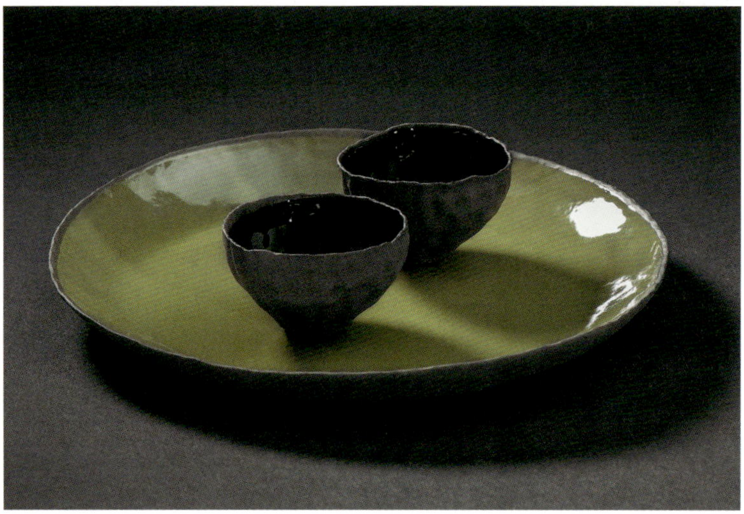

 BOTANIC, Steinzeug ⁄ stoneware, Sakebecher ⁄ sake cup Ø 8 cm, 2010
BOTANIC, Steinzeug ⁄ stoneware, Teller ⁄ plate Ø 28 cm, 2010

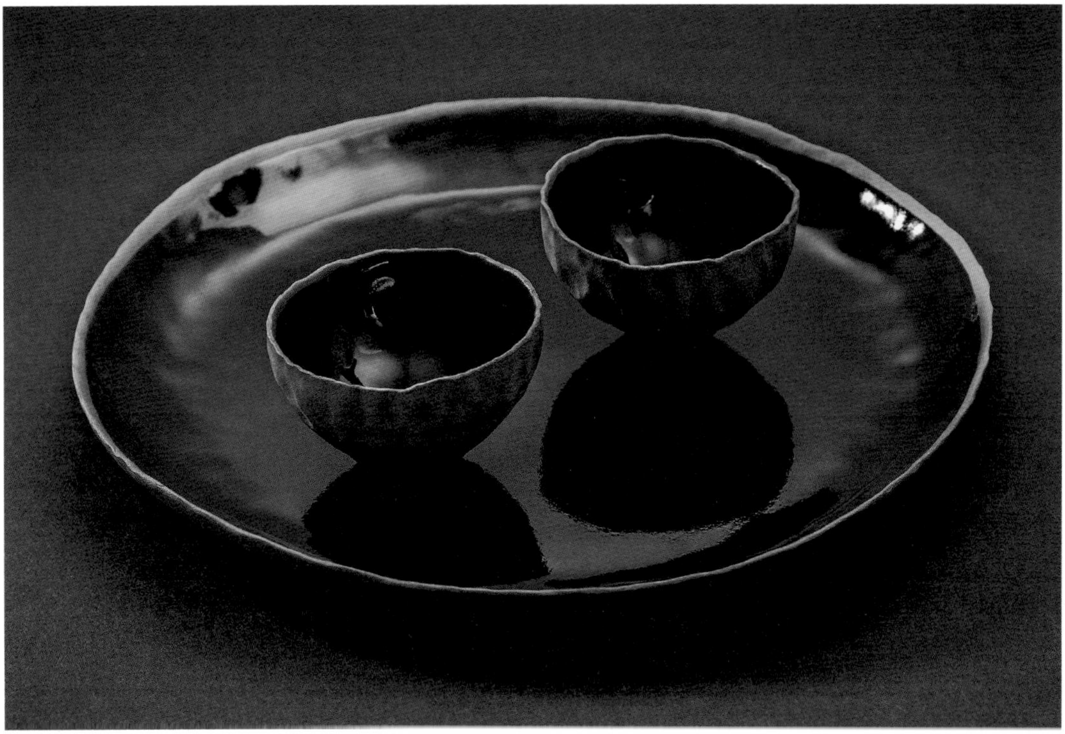

BOTANIC, Steinzeug ⁄ stoneware, Teller ⁄ plate Ø 28 cm, 2010

94 SHADE, Porzellan ∕ porcelain, Vase groß ∕ large vase H. 21,5 cm, 2015

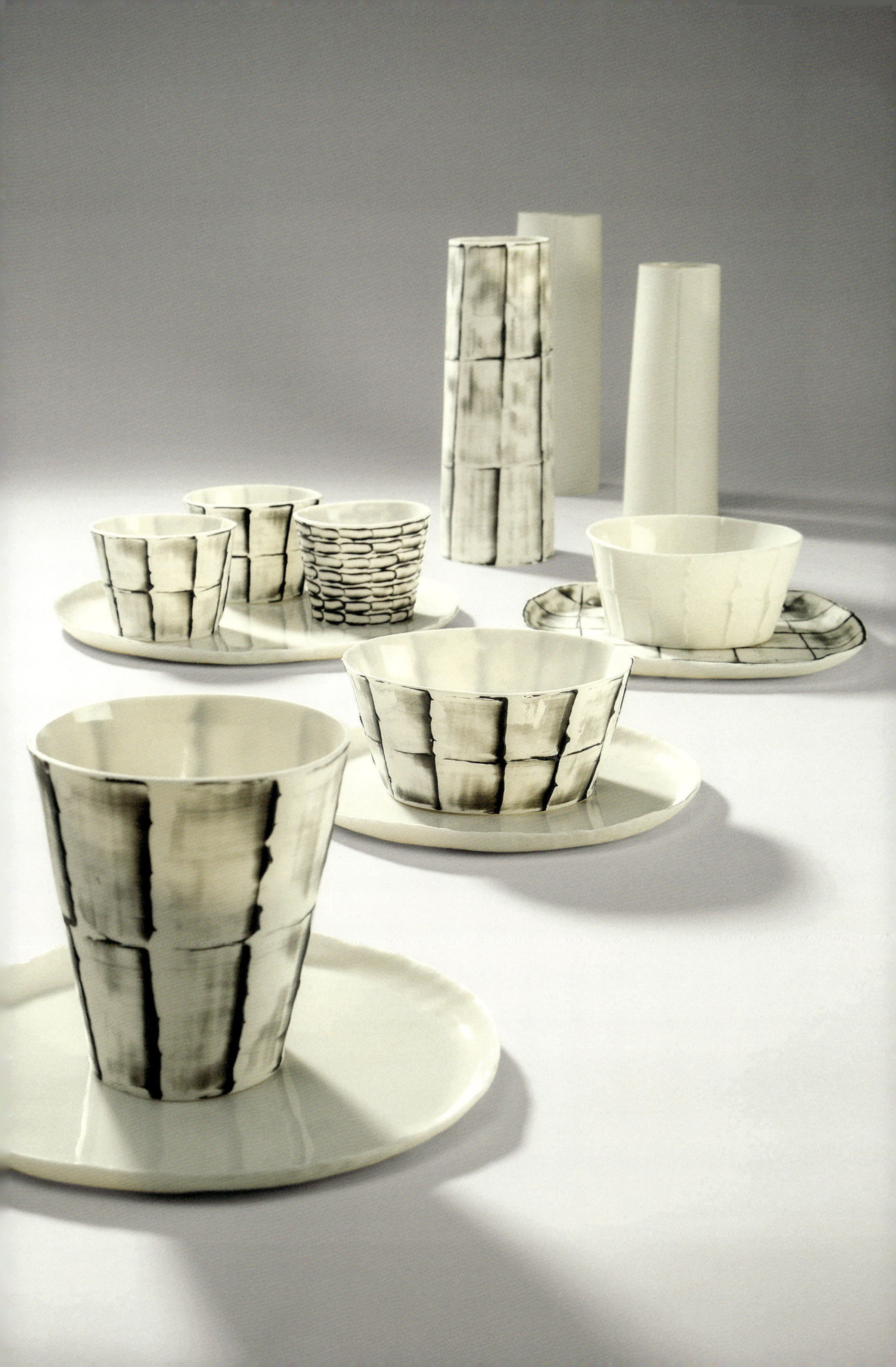

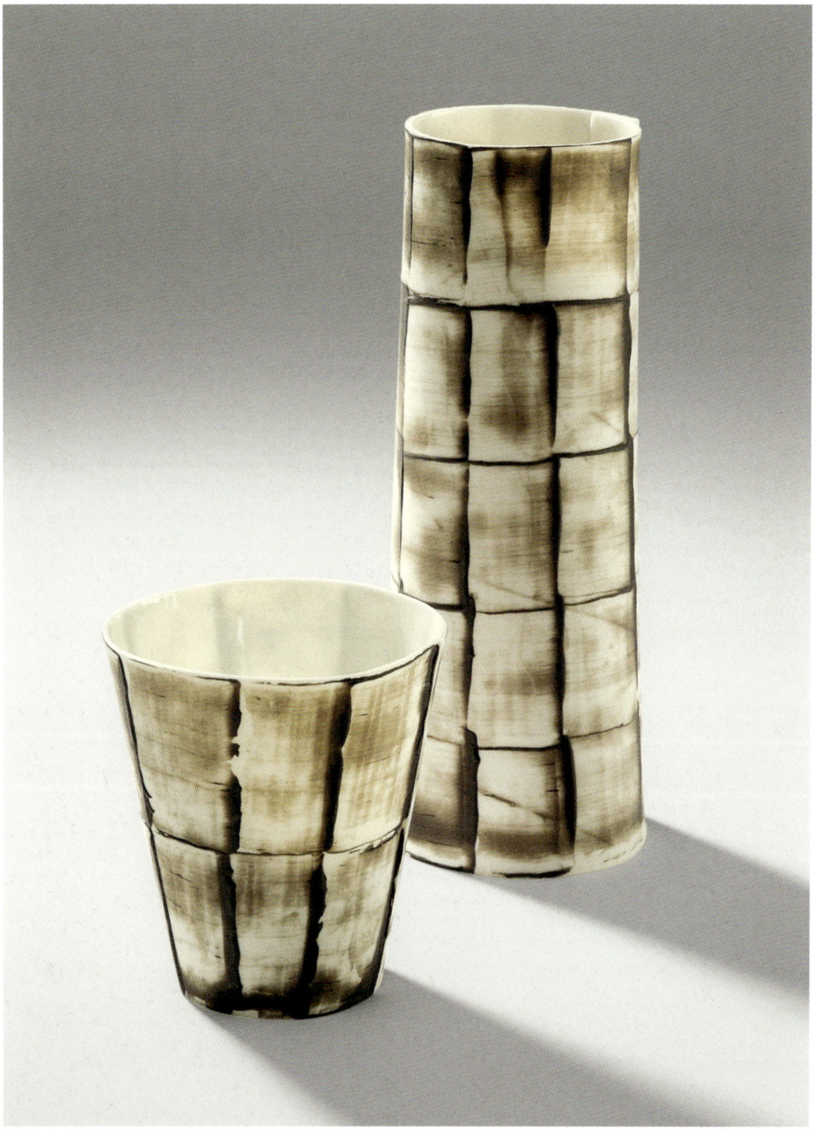

 SHADE, Porzellan ⁄ porcelain, Becher ⁄ cup H. 11 cm, 2015
SHADE, Porzellan ⁄ porcelain, Vase ⁄ vase H. 21,5 cm, 2015
Seite ⁄ page 98–99: SHADE, Porzellan ⁄ porcelain, Platte ⁄ plate L. 21 cm, 2015

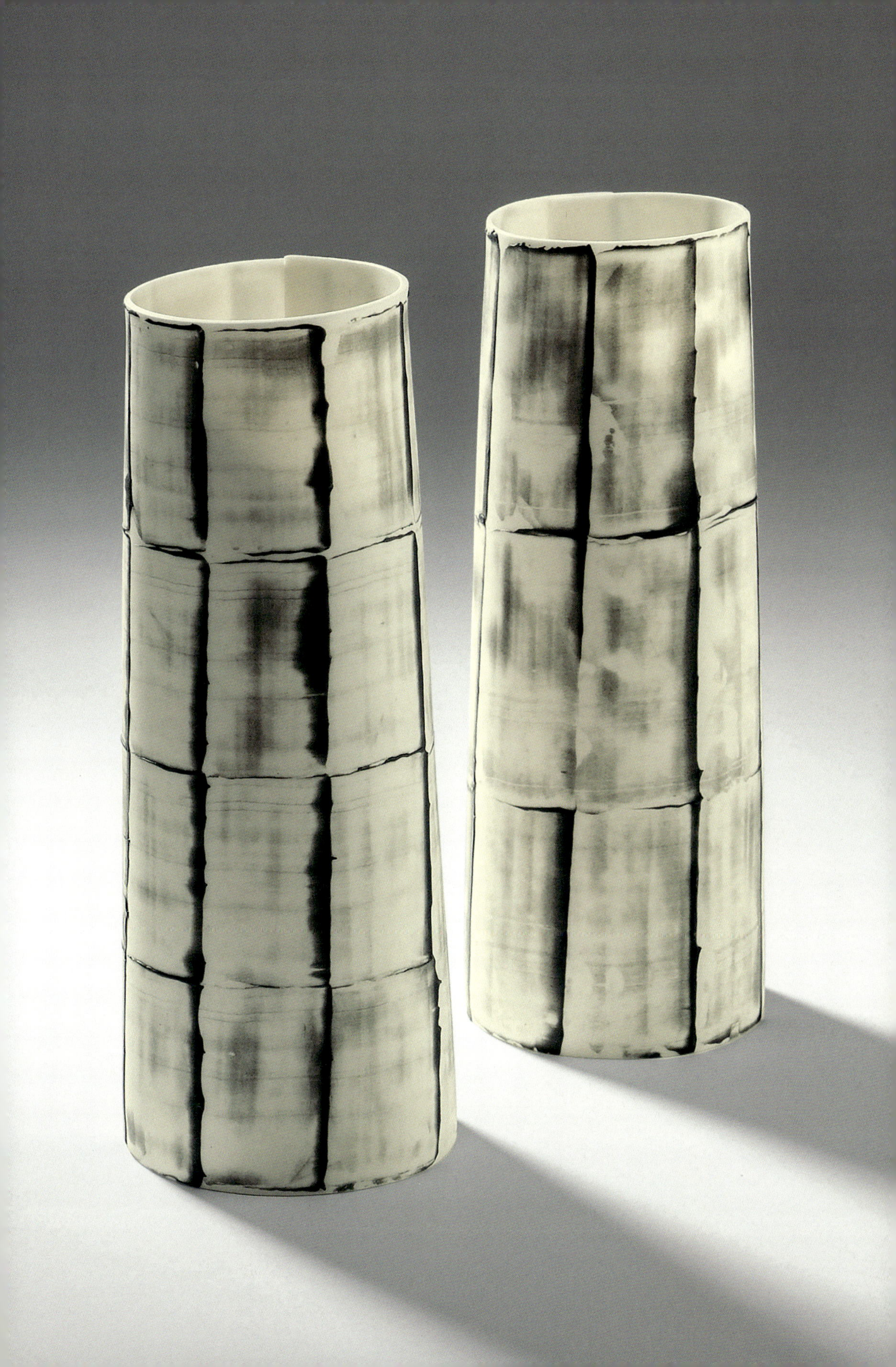

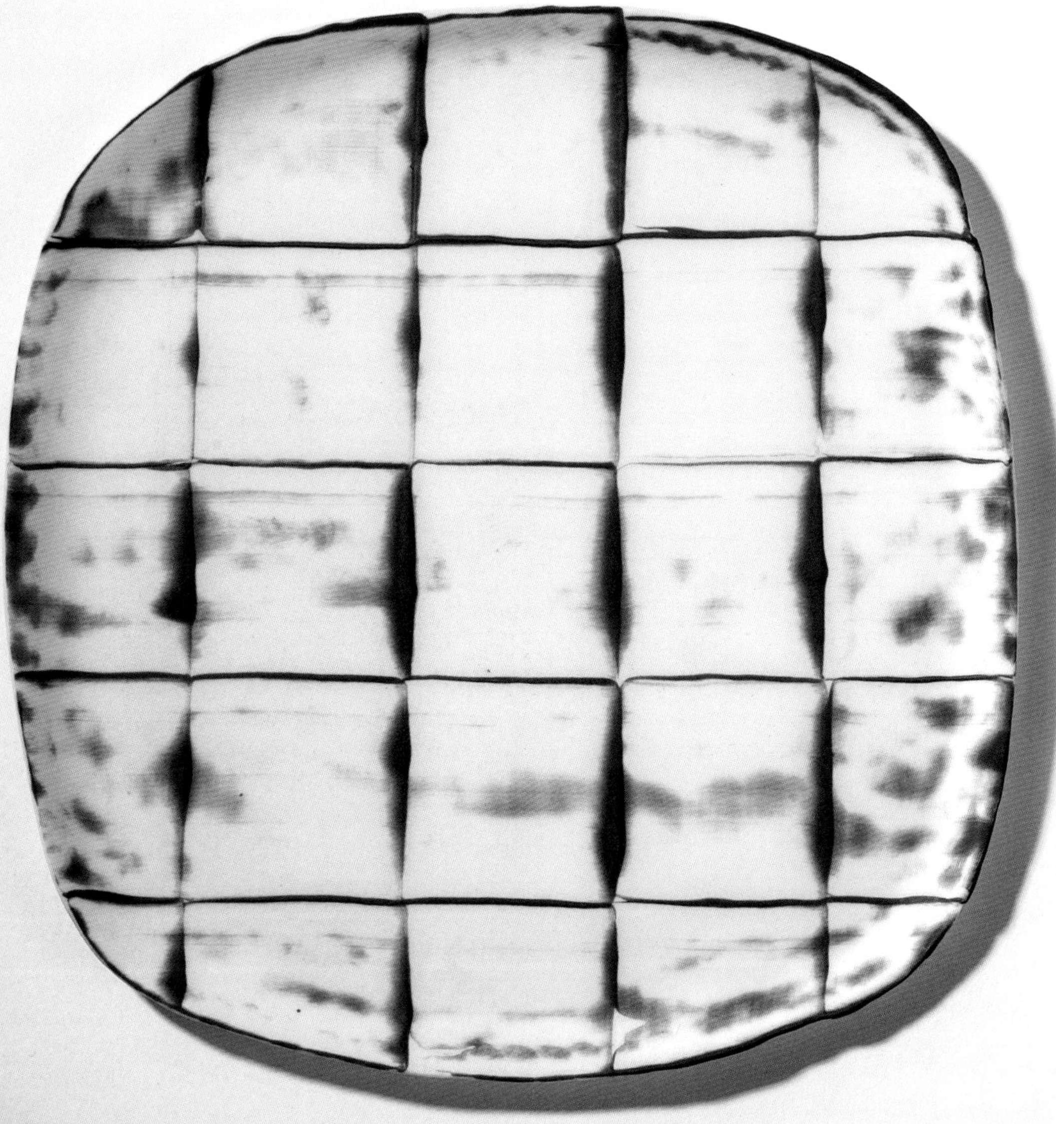

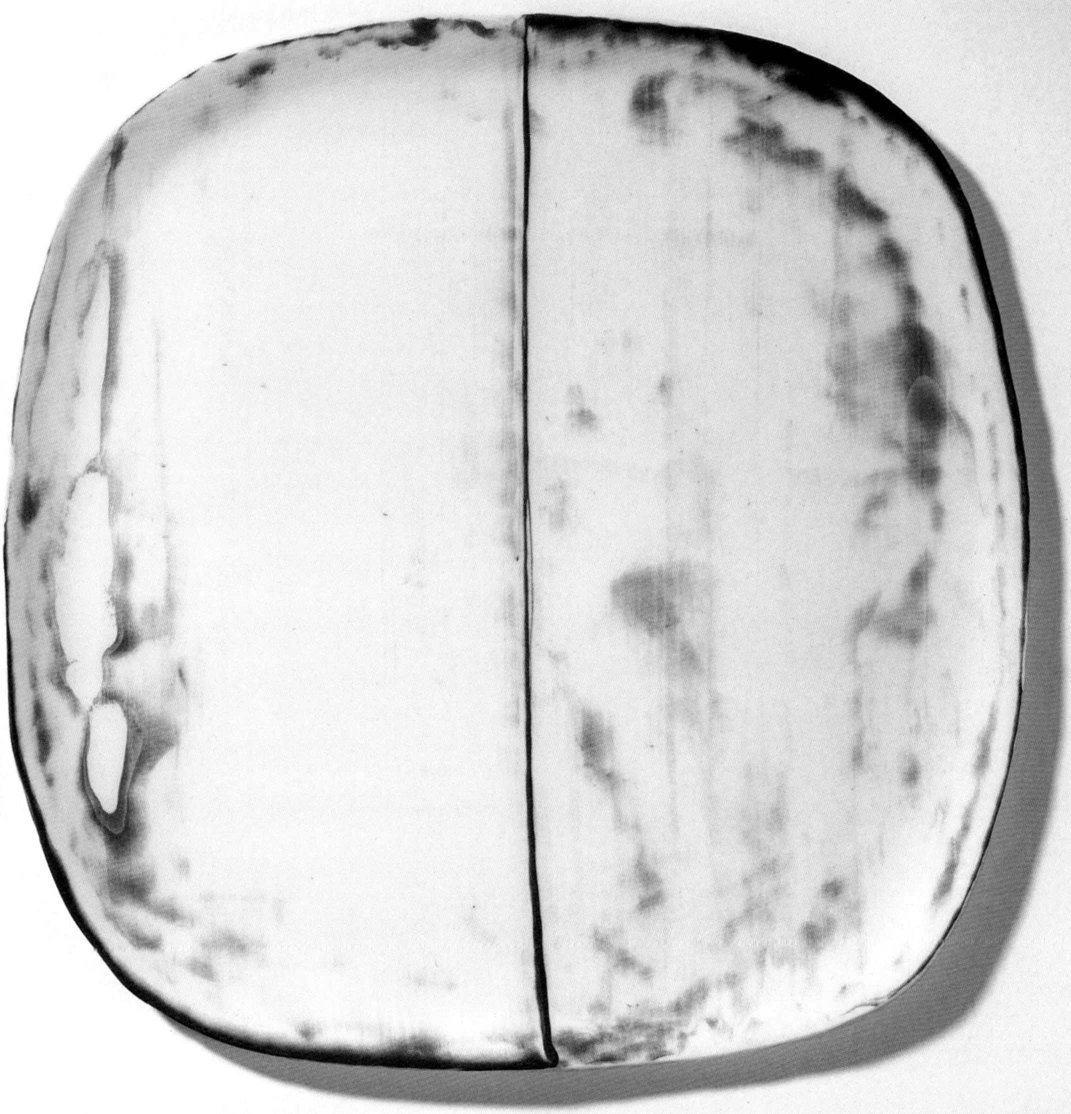

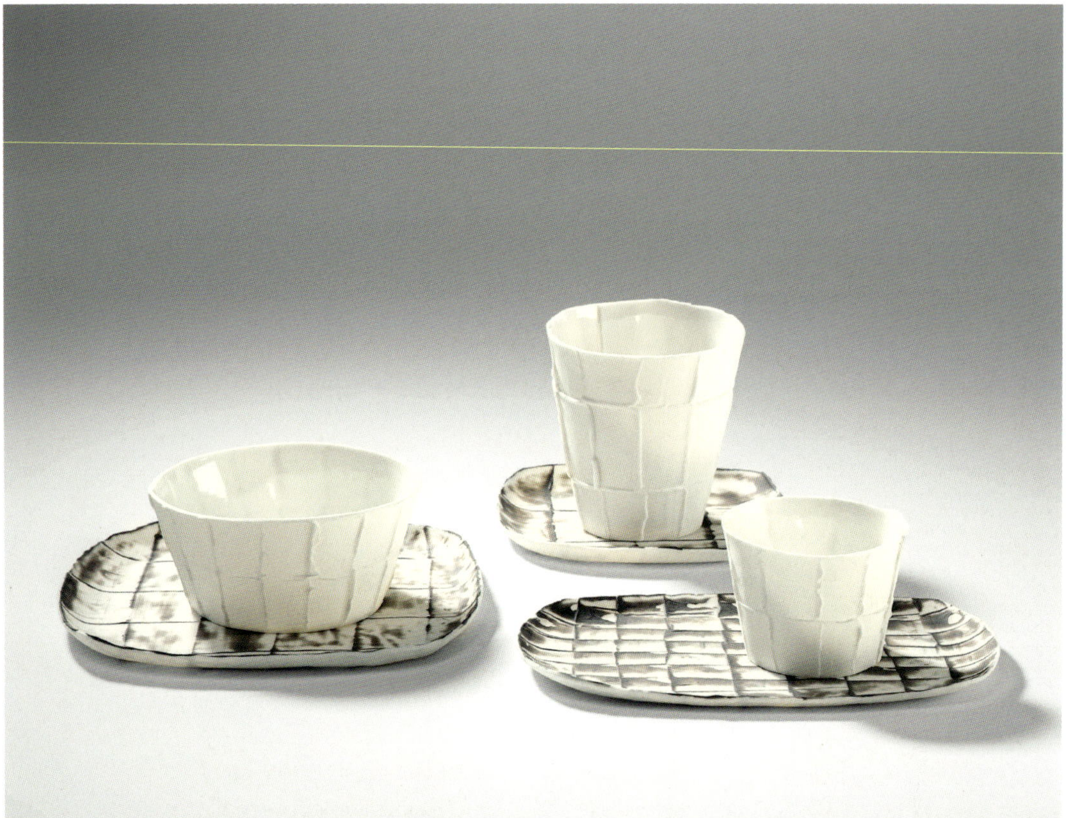

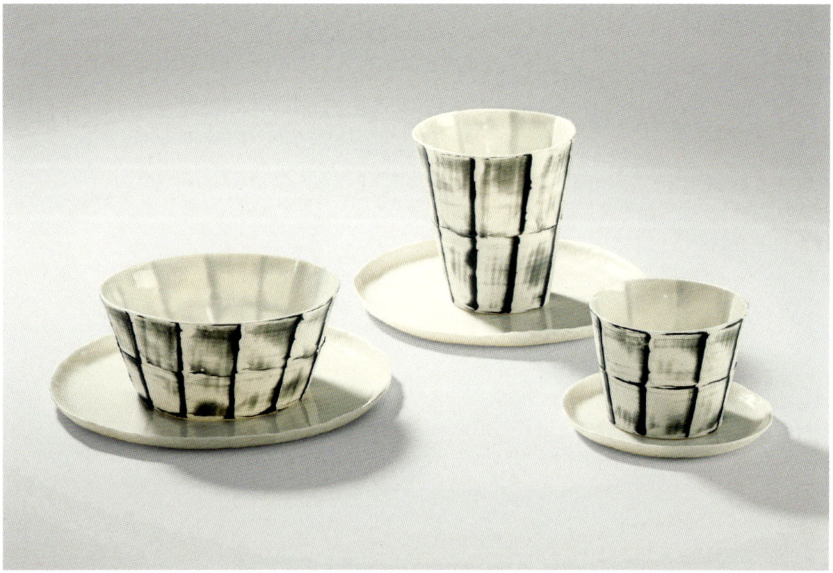

 SHADE, Porzellan ⁄ porcelain, Schale ⁄ bowl Ø 13 cm, 2015
SHADE, Porzellan ⁄ porcelain, Becher klein ⁄ small cup H. 6 cm, 2015

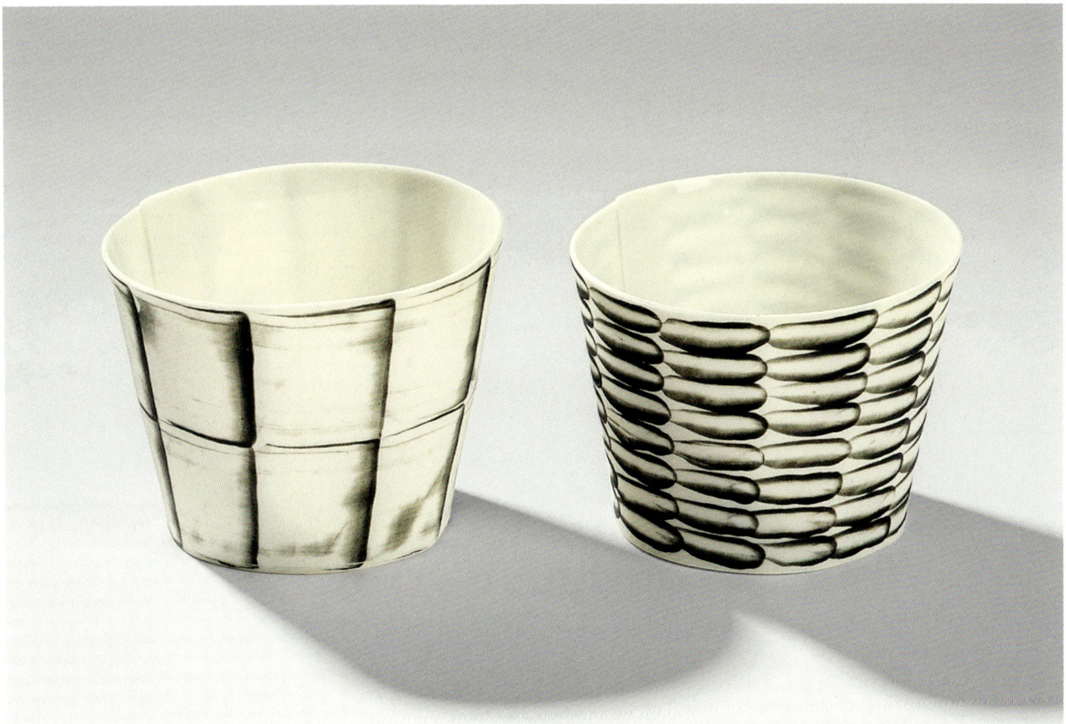

SHADE, Porzellan / porcelain, Becher / cup H. 6 cm, 2015

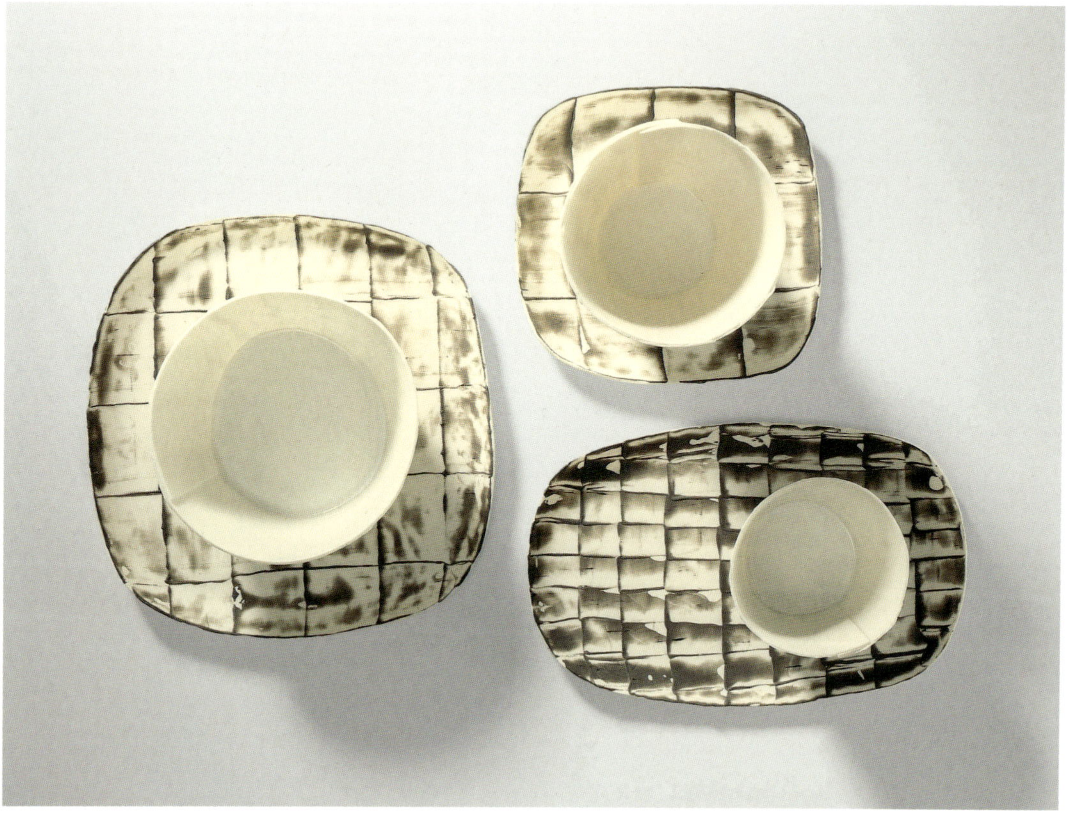

 SHADE, Porzellan ⁄ porcelain, Platte quadratisch, klein ⁄ small square plate L. 15 cm, 2015
SHADE, Porzellan ⁄ porcelain, Platte rechteckig ⁄ rectangular plate L. 22 cm, 2015

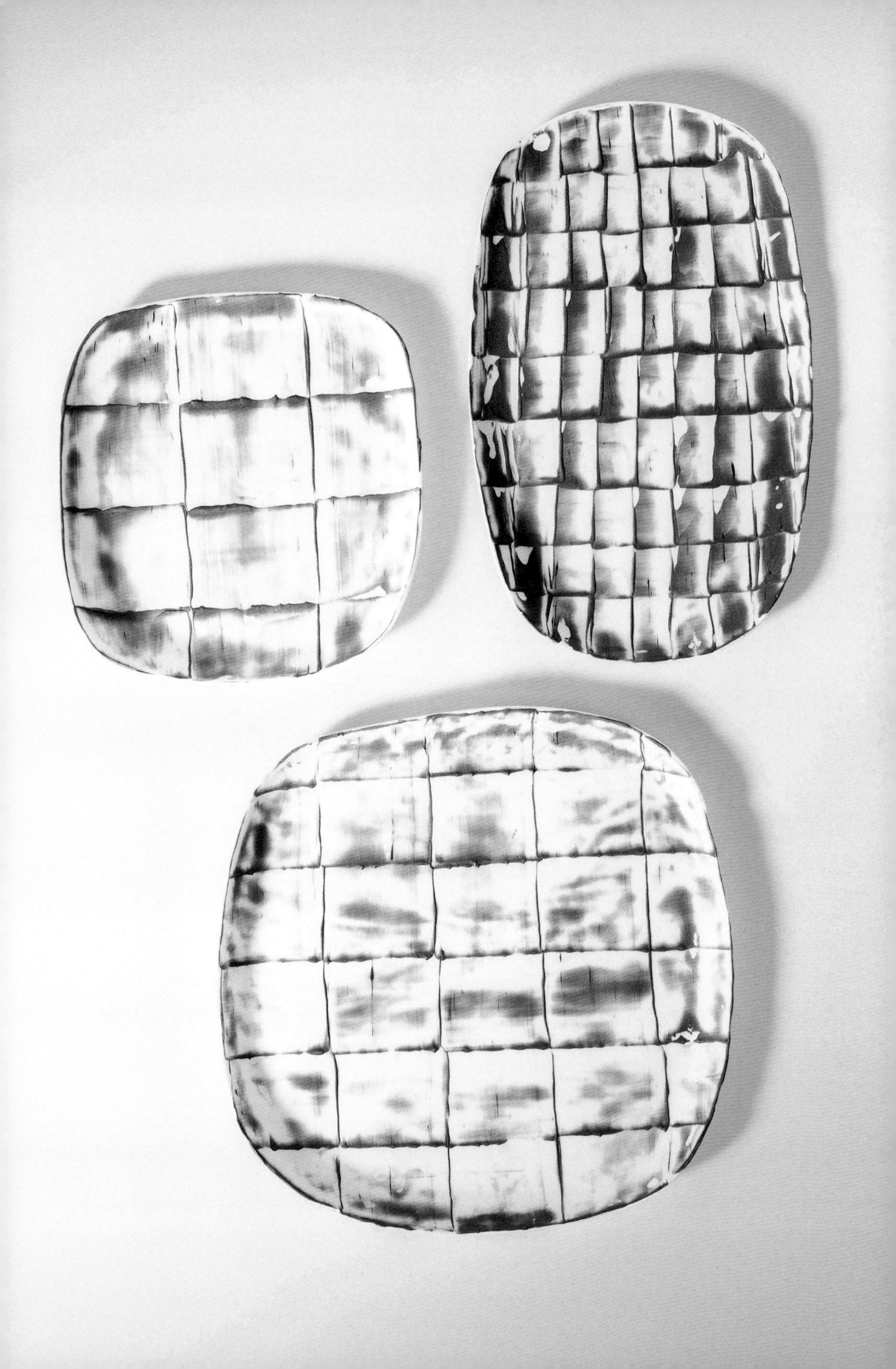

Hommage

Delicate, not fragile
Sensitive, not vulnerable
Strong, not rough
Light, and never dull
Whimsical, and radiant
Bold, and yet restrained

Her work - a reflection of her self:
a meticulous display of beauty, artistry and determination.
Aesthetically charming, and warming to the heart.

Alexis Conklin

Ich denke oft an sie. An dem Tag, an dem sie gestorben ist, habe ich einen kleinen Teller von ihr aus dem Schrank geholt & der ist mir aus der Hand & in die Luft geflogen und schoss sich um sich selbst drehend zu Boden.
In meinem Kopf habe ich tausend Splitter gesehen, aber er blieb ganz und hatte nur eine kleine Schramme. Ich dachte an Doris & dass ich endlich wieder Kontakt mit ihr aufnehmen müsste. Leider war es zu spät, denn kurz danach habe ich von ihrem Tod erfahren. Manchmal nehme ich ihre Stücke & rede mit ihr. Ich bin sehr traurig über ihren Tod, sie war ein feiner Mensch.

Katzie Hudges

Both her person and ceramics radiated an instant appeal when we first met at a show in Schloss Löwenstein. She approached us with professionalism, was genuinely friendly and helpful. She was a very down to earth person, refreshingly unpretentious, unassuming and her free-spirited approach to her work made her style absolutely unique and inspirational. She was exacting and very methodical, direct where appropriate & wanted the absolute best for her work and the crafts. We will greatly miss her sense of humour, her warmth, her quirky personal style and minimalist approach to life. Her beautiful ceramics are a small consolation to us.

Katzie & Scott Hudges

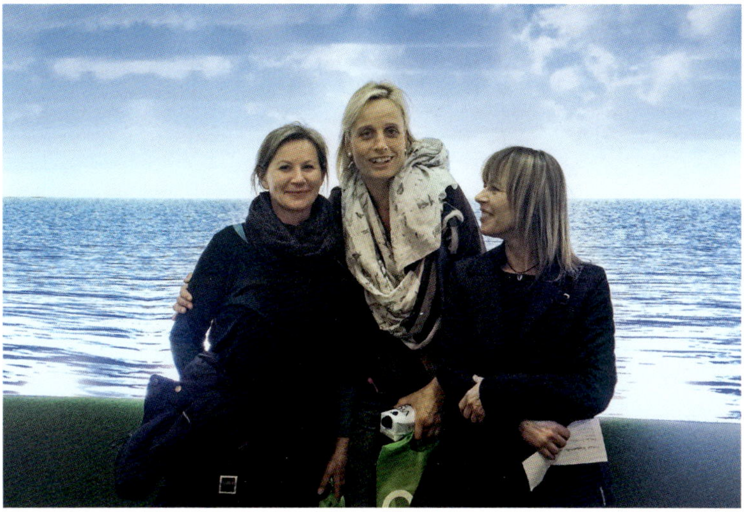

Ingrid Rauscher-Andreas, Ute Kathrin Beck & Doris Bank, 2014

Die bedeutende Keramikerin Doris Bank wurde mit 55 Jahren mitten aus einem kreativen Leben gerissen. Ihre zurückhaltenden, aber charaktervollen Objekte aus Porzellan wurden international ausgestellt und prämiert, vor allem im Fernen Osten (China, Taiwan, Japan, Korea), aber auch in Spanien, Frankreich und vor allem in Deutschland. Seit 2003 war sie Mitglied des Bayerischen Kunstgewerbevereins; dort zeigte sie 2015 im Rahmen der Reihe „Porträt im Laden" ihre Ausstellung *Table Art*. 2015 erhielt sie den Hessischen Staatspreis. 2017 waren ihre Arbeiten im Dießener Taubenturm auf der sehr spontan zustande gekommenen Ausstellung *Improvisation* zu sehen, zusammen mit Arbeiten von Ute K. Beck, Kati Jünger und Susanne Mansen, aus Anlass des Diessener Töpfermarktes. Noch im gleichen Jahr war sie auf der Internationalen Ceramic Biennale in Korea zu sehen. Doris Bank hat immer weiter experimentiert, mit verschiedenen Formen und Behandlungen des Porzellans, mit diversen Glasuren und Engoben. Jede neue Erkenntnis wurde in umfangreichen Reihen getestet, erprobt und vorgeführt. Doch auch in diesen Reihen blieb jedes der handmodellierten Stücke ein Unikat, scheinbar unbekümmert hergestellt und vollendet. Doris Bank blieb immer sehr bescheiden, fast zurückhaltend. Man konnte den Eindruck gewinnen, dass sie sich der eigenen Bedeutsamkeit im Kosmos der Keramik gar nicht wirklich bewusst war. Jedenfalls wollte sie nie im Mittelpunkt stehen, versteckte sich eher hinter ihren Arbeiten, denen sie ihr ganzes fleißiges Leben widmete.

Prof. Dr. Thomas Raff

Ich hatte das große Glück, als enger Freund von Doris Bank das (Er)Schaffen ihrer über alles geliebten Keramik-Objekte aus nächster Nähe miterleben zu dürfen, ihre Leidenschaft für ihre Arbeit, ihre Zielstrebigkeit, ihre Hingabe, ihre Leidensfähigkeit, ihr Streben nach Perfektion.
Angefangen von der zeitaufwendigen Auswahl & den Tests der Rohmaterialien, über das Entwickeln der ersten Probe-Objekte, bis hin zum fertigen Kunst/Design-Objekt und schließlich dem Zusammenführen der gesamten Objektserie. Darauf folgten Bewerbungen zu den nationalen und internationalen Messen & Wettbewerben.
Jedes ihrer Objekte hatte sich einer strengen Qualitätskontrolle zu unterziehen. Die Form, die Farben, die Haptik sowie der Gesamteindruck der jeweiligen Objekte musste stets den hohen Ansprüchen von Doris genügen.
Auf den zahlreichen Präsentationen ihrer wunderschönen Objekte wurde nichts dem Zufall überlassen. Licht & Schatten, Lichtfarbe & Lichtwinkel, der Aufbau der Messetische, deren Positionierung und natürlich die Anordnung & Ausrichtung ihrer erschaffenen Objekte - all dem wurde höchste Aufmerksamkeit gewidmet.
Ich durfte Zeuge ihrer überschwänglichen Freude sein, wenn sie eine Jury von der hohen künstlerischen Qualität ihrer Arbeit überzeugen konnte. Die hochemotionalen Glücksmomente, wenn sie nationale & internationale Auszeichnungen für ihre Arbeit erhielt. Wenn ihre Leidenschaft, ihre Hingabe, ihr „Feuer" für ihre geliebte Keramik die ihr angemessene Aufmerksamkeit erhielt. Aber auch die tieftraurigen Momente, wenn Doris ihre selbst gesteckten Ziele nicht zu erreichen schien, durfte ich miterleben. Dabei war sie stets bescheiden, zurückhaltend und stellte sich nie ins Rampenlicht.
Es war und ist mir eine große Ehre, dass ich Doris auf einem Teil ihres Weges begleiten durfte.

Andreas Groetzner

We regret to report that Doris Bank, one of the 300 artists selected for KICB 2019, passed away on October 19, 2019. It was a pleasure and great honor to work with her remarkable artworks. May her inspiring art live on forever. Rest in peace.

Korean Ceramic Biennale

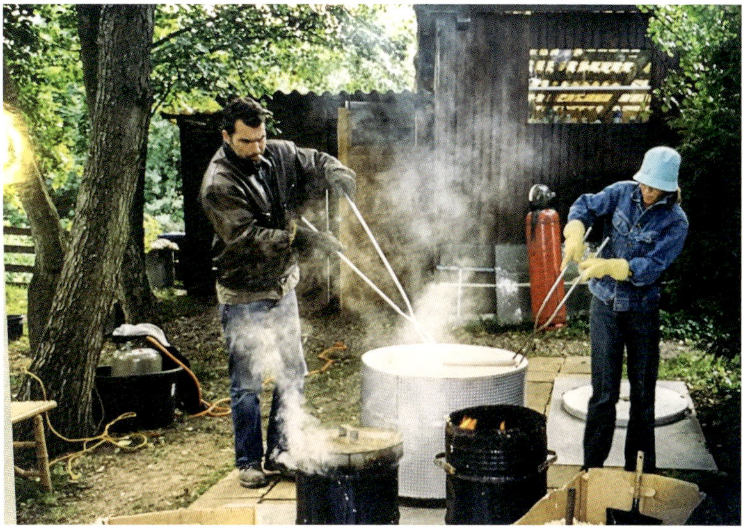

Oliver Pospiech & Doris Bank, Raku-Brand ⁄ raku firing

Nichts im Leben ist wichtiger als Liebe und Zuneigung.
Eine tiefe und enge Freundschaft verband Doris und mich fast 30 Jahre lang. Und auch für meinen Mann und meine Kinder war sie ein wichtiger und fester Bestandteil unseres Lebens.
Mit viel Konsequenz, Kraft und Intensität ist sie ihren keramischen Weg gegangen und war dabei oft der Zeit voraus. Auch dafür und für ihre enorme Kreativität, die sich auch in vielen anderen Bereichen zeigte, bewundere und vermisse ich sie. Mit viel Freude und liebevollen Gedanken benutzen wir täglich ihre Stücke.

Ingrid Rauscher Andreas

Wir haben einen wichtigen und kreativen Teil unserer Familie verloren, aber in unserer Herzen lebt Doris immer weiter.

Jutta Bank-Kramer & Familie Bank

Doris war die beeindruckendste und stärkste Frau,
die ich kennenlernen durfte.

Oliver Pospiech

DORIS BANK (25.3.1964 - 19.10.2019)

Ein Nachruf von Ute Kathrin Beck

Heute ist die Doris beerdigt worden.
Wenn ich nun an sie denke, kommen mir die Eigenschaften Klarheit, Ehrlichkeit, Konsequenz und am Ende Haltung in den Sinn.
Und, bei alledem: Bescheidenheit.
Beim Betrachten ihrer Keramik sind es exakt die selben Eigenschaften, die in ihren Arbeiten widerscheinen. Doris widmete sich im privaten wie im beruflichen (oder sollte man sagen: keramischen) Leben dem Streben nach perfekter Schönheit, nach Ästhetik. In dieser Haltung zeigte sie keine Kompromisse. Sie hatte sich auf einen Weg begeben, der steinig war, aufreibend. Sie war selten mit sich zufrieden, selten rastend.
Ich erinnere mich an unsere gemeinsamen Messeauftritte. Sie fuhr mit ihrem weißen 240 Volvo Kombi vor. Im Volvo stapelten sich weisse Kisten, der Messestand war bis ins Detail geplant, die Beschriftung perfekt, die Preisliste gedruckt, die Beleuchtung vorher austariert. Das Verpackungsmaterial in verschiedenen Größen aus wertvollen Papieren vorbereitet ...
Zum Messebeginn saß die Frisur perfekt, die Kleidung war durchdacht und mit den Farben der Keramik abgestimmt. Im Grunde ein Gedicht. Sie war ein lebendes Gedicht.
Ich habe sie dafür bewundert, denn ich stand im Stau, hatte irgendwelche Kisten, die zuhause rumlagen, verwendet, über Preise zu diesem Zeitpunkt noch nicht einmal nachgedacht. Bei Beginn der Messe wusste ich, an was ich alles nicht gedacht hatte.
Diese Perfektion war oft Anlass für mich für liebevolle Späßchen, was man eben so macht. Heute weiß ich, dass ihr Perfektion nicht wichtig war: Es ging um eine Grundhaltung zum Leben.
Auch Ihr Zuhause, ihr kleines Fachwerkhaus in Miltenberg, war Bestandteil vom Werk. Alles stimmig, wunderbar zusammengesucht, ihr kleiner Garten war ein kleines Paradies. Auch hier war kein Platz für Zufall. Sie trieb viel Sport, ging täglich schwimmen.
Ab einem bestimmten Punkt sagte sie mir, dass sie krank war. Ihre Krankheit trug sie ebenfalls mit großer Stärke und Haltung, bis zum Schluss. Gespickt war der Weg mit einem scharfen, frechen, gnadenlosen Humor. Sie konnte auch über sich selber lachen. Humor und Haltung. Das ist so rar geworden.
Ich denke, wir haben eine Künstlerin und Kollegin verloren, die etwas heute Seltenes und Kostbares vorgelebt hat.
Doris hat uns wunderbare Keramik hinterlassen, in der ihre Wesenszüge aufscheinen, die so in Erinnerung bleiben.

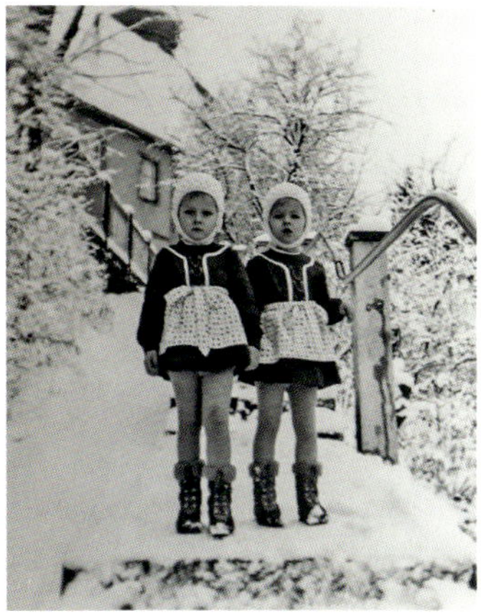

Zwillingsschwestern / twin sisters
Jutta & Doris, ca. 1969

DORIS BANK BIOGRAFIE

Geboren 1964 in Bamberg

1983-1986	staatl. Berufsfachschule für Keramik in Landshut
1986-1987	Kerammodelleurin in der Porzellanindustrie
1987-1990	eigenes Zeichenbüro, Landshut
1990-1993	Staatliche Fachschule für Keramikgestaltung in Höhr-Grenzhausen
1994	Mitarbeit im Architekturkeramik-Atelier Motz-Schönhaber, Bad Soden
1995-2019	Keramikdesignerin in der Keramikindustrie bei Scheurich-Keramik, Kleinheubach, Unterfranken
2000-2019	eigenes Atelier in Miltenberg, Unterfranken

Gestorben 2019 in Miltenberg

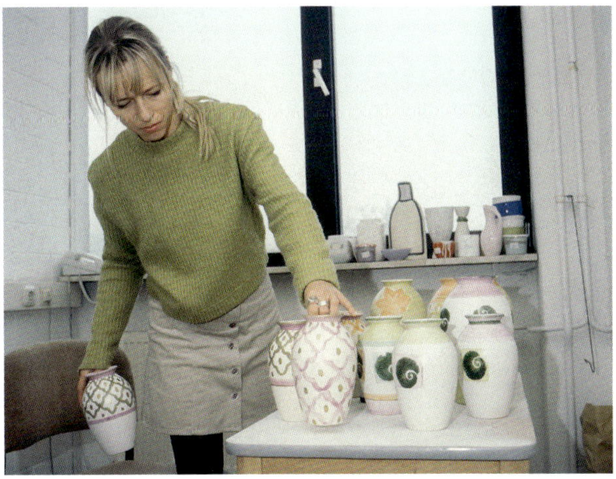

Doris Bank, Scheurich, Kleinheubach

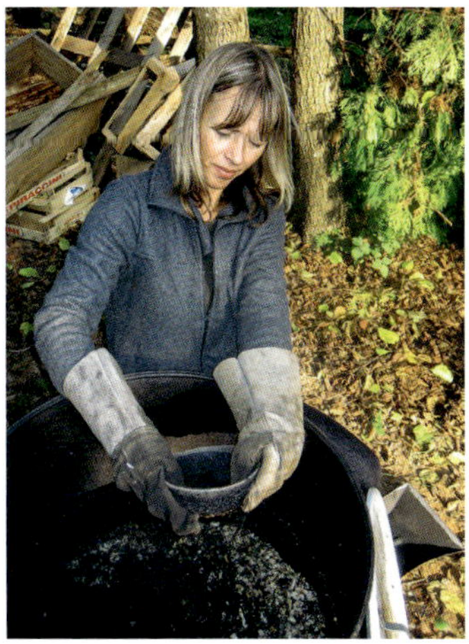

Raku-Brand / raku-firing

DORIS BANK AUSSTELLUNGEN (in Auswahl):

2019 *Korean International Ceramic Biennale*, RK
2017 *Focus Vessel*, Keramikmuseum Westerwald, Höhr-Grenzhausen, DE
2015 *Form Tendence*, Frankfurt am Main, DE
Portrait im Laden, Bayerischer Kunstgewerbeverein, München, DE
2014 *The 10th International Ceramics Competition*, Mino, JP
Ceramics of Europe - Keramik Europas, Westerwaldpreis 2014, DE
International Contemporary Craft Biennale, Nantong, CN
2013 *Cheongju 8th International Craft Competition*, Cheongju, RK
fünfzig, angewandte Kunst & Design, Handwerksform Hannover, DE
2012 *Taiwan Ceramic Biennale*, Taipei County, Yingge Ceramics Museum, TW
IV Bienal Internacional de Cerámica de Marratxí, Museu del Fang / Cabaneta, Mallorca, ES
2010 *Cerco-Aragòn, Contemporary ceramics*, Museo of Teruel, Zaragoza, ES
2009 *zart*, Angewandte Kunst der GEDOK, Köln, DE
Angewandte Kunst im Aufbruch, Saarländisches Künstlerhaus, Saarbrücken, DE
2006 *Schmuckstücke*, Galerie im Rosenthal Studio-Haus, Hamburg, DE
2005 *World Contemporary Ceramics*, International Competition Icheon World Ceramic Center, RK
2003 *atypisch*, Ausstellung zum Designparcours München 2003, Bayerischer Kunstgewerbeverein, München, DE
2001 *World Competition of Arts & Crafts*, Kanazawa, JP

DORIS BANK PREISE UND AUSZEICHNUNGEN (in Auswahl):

2015 Hessischer Staatspreis
2014 Silver Prize, International Contemporary Craft Biennale, Nantong, CN
Honorable Mention at the 10th International Ceramics Competition, Mino, JP
2013 Special Citation at the 8th Cheongju International Craft Competition, Cheongju, RK

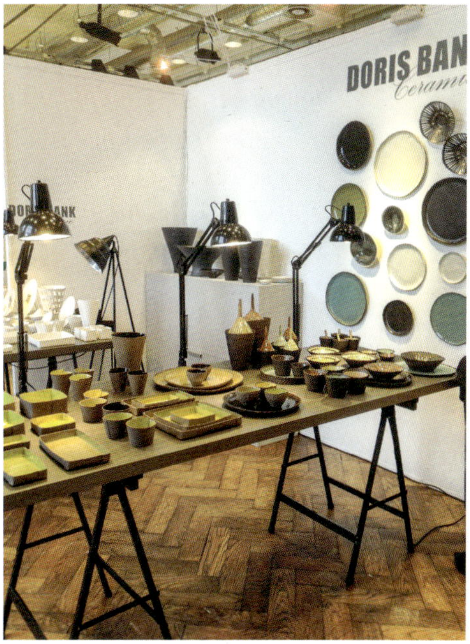

Maison & Object, Paris, 2006

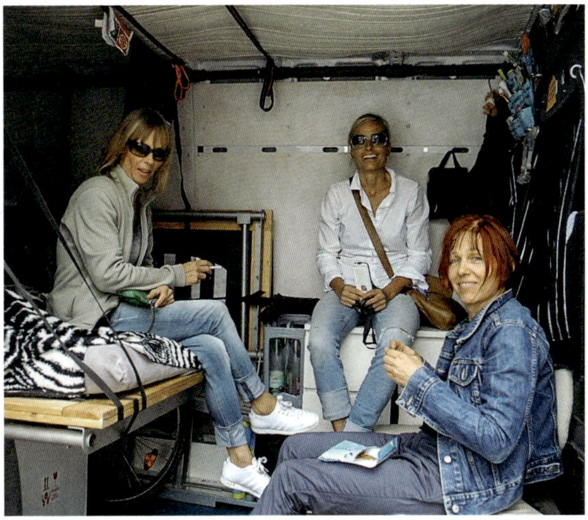

Doris Bank, Ute Kathrin Beck & Kati Jünger, Tendence, 2015

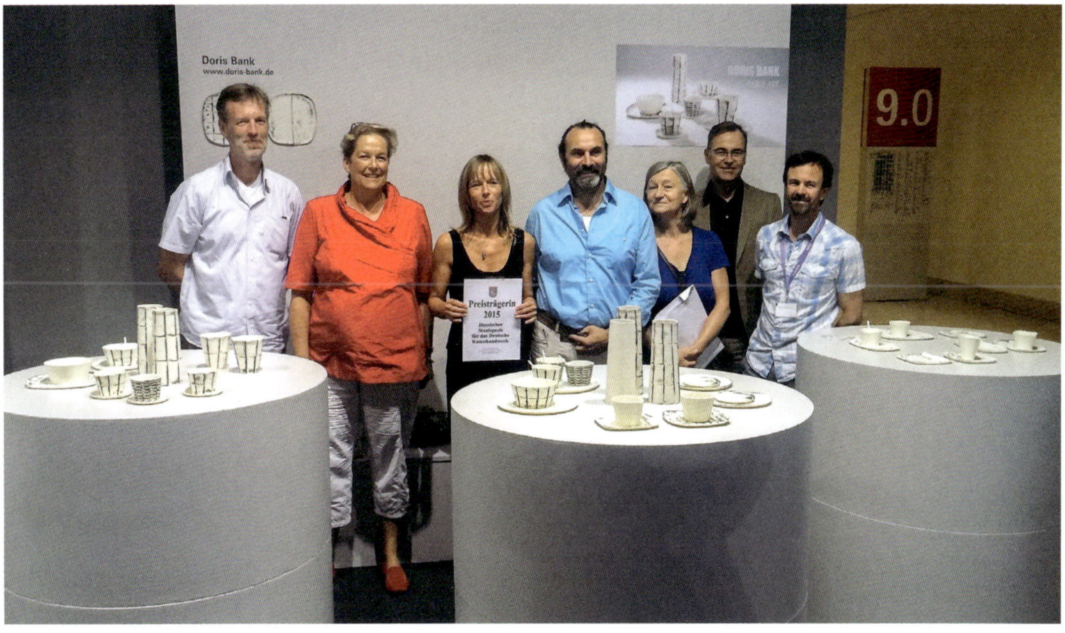

Hessischer Staatspreis / Hessian State Award, Tendence, 2015

HERAUSGEBER / EDITOR
Ute Kathrin Beck

AUTOREN / AUTHORS
Ute Kathrin Beck, Monika Fahn, Walter Lokau

ÜBERSETZUNG / TRANSLATOR
Joan Clough, Castallack

LEKTORAT / COPY EDITING
Wendy Brouwer, Stuttgart

ARNOLDSCHE PROJEKTKOORDINATION / PROJECT COORDINATION
Matthias Becher

GRAFISCHE GESTALTUNG / GRAPHIC DESIGNER
Silke Nalbach, nalbach typografik, Mannheim

OFFSET REPRODUKTION / OFFSET REPRODUCTIONS
Paladin Design- und Werbemanufaktur, Remseck

DRUCK / PRINTED BY
Schleunungdruck, Marktheidenfeld

PAPIER / PAPER
150 gsm LuxoArt Samt

BUCHBINDER / BOUND BY
Hubert & Co., Göttingen

Bibliografische Information der Deutschen Nationalbibliothek
Die Deutsche Nationalbibliothek verzeichnet diese Publikation in der Deutschen Nationalbibliografie; detaillierte bibliografische Daten sind über www.dnb.de abrufbar.
Bibliographic information published by the Deutsche Nationalbibliothek
The Deutsche Nationalbibliothek lists this publication in the Deutsche Nationalbibliografie; detailed bibliographic data are available at www.dnb.de.

ISBN 978-3-89790-615-0

Made in Europe, 2021

BILDNACHWEIS / PHOTO CREDITS
Klaus Sartorius & Archiv Doris Bank

DIESES BUCH ENTSTAND MIT GROSSZÜGIGER UNTERSTÜTZUNG VON:
THIS BOOK HAS BEEN PRODUCED WITH THE GENEROUS SUPPORT OF:
Danner-Stiftung, München
Scheurich Keramik, Kleinheubach
Bayerischer Kunstgewerbeverein, München
Handwerksform Hannover